FAO中文出版计划项目丛书

# 城市粮食体系治理

## ——当前环境和未来机遇

联合国粮食及农业组织　世界银行　编著

张玉帅　王鹏远　张龙豹　等　译

中国农业出版社
联合国粮食及农业组织
世界银行
2022·北京

**引用格式要求：**

粮农组织、世界银行和中国农业出版社。2022 年。《城市粮食体系治理——当前环境和未来机遇》。中国北京。

18-CPP2021

本出版物原版为英文，即 *Urban food systems governance：Current context and future opportunities*，由联合国粮食及农业组织于 2020 年出版。此中文翻译由农业农村部国际交流服务中心安排并对翻译的准确性及质量负全部责任。如有出入，应以英文原版为准。

ISBN 978-92-5-136830-5（粮农组织）
ISBN 978-7-109-30384-3（中国农业出版社）

# FAO中文出版计划项目丛书

# 指 导 委 员 会

# 致 谢
ACKNOWLEDGEMENTS

《城市粮食体系治理——当前环境和未来机遇》是世界银行农业与粮食全球实践局（SAGDR）和联合国粮食及农业组织（简称"联合国粮农组织"）共同努力的成果。

本书是在世界银行 Martien Van Nieuwkoop 和联合国粮农组织 Mohamed Manssouri 的总体战略指导下编写的，世界银行的 Julian A. Lampietti 和 Louise Scura 提供了技术和业务指导。

联合国粮农组织 James Tefft 领导的团队撰写了本书，成员包括世界银行的 Marketa Jonasova、Fang Zhang 和 Yixin Zhang。

案例研究报告由以下人员编写：Fang Zhang（巴尔的摩、上海、多伦多），Cecilia Rocha（贝洛奥里藏特），Fernando Castro Verástegui（利马），Juan Carlos Amaya Gómez、Juan Zuluaga Orrego、Marcos Rodriguez Fazzone、Rigoberto Ramirez Villada（麦德林），Phillilph Musyoka（内罗毕），Alain Santandreu 和 Alexandra Rodriguez Dueñas（基多）以及 Changwoo Lee（首尔）。

感谢世界银行的同行审稿人 Soraya Goga、Ulrich Schmitt、Steven Jaffee、Christopher Ian Brett 和 Catherine Lynch。同时也感谢外部审稿人 Jane Battersby、Juan Carlos García y Cebolla、Thomas Forster、Holly Freishtat、Yota Nicolarea、Tori Okner 和 Lori Stahlbrand。他们的指导和建议大大提升了本书的质量。团队也受益于 Jonathan Crush 和 Graeme Young 的技术贡献。Guido Santini 和 Jorge Fonseca 也为本书提供了额外的意见和指导。

团队受益于包括 Ana Maria Huaita Alfaro、Sarah Buzogany、Barbara Emanuel、Cecilia Marocchino 和 Victoria Wise 在内的多名城市粮食专家的技术贡献，以及 Alessandra Gage 的技术贡献和编辑指导。

世界银行和联合国粮农组织特别感谢国际都市农业基金会前主任 Marielle Dubbeling（2019 年去世）的技术指导和支持。Marielle 女士是都市农业和粮食体系的全球领导者和倡导者之一。她的生平事迹给这一研究领域、众多城市粮食计划以及与其接触过的人均产生了不可磨灭的影响。

　　来自联合国粮农组织的 Clare O'Farrell、Jordi VaqueRabal、Davide Garavoglia 和 Alexandra Kassler 以及来自世界银行的 Shunalini Sarkar、Ling Mei、Chuqi Yan、Wei Qin 和 Zhen Li 提供了研究支持，并设计了图表。Sonia Malpeso 进行了英文版平面设计，Brett Shapiro 编辑了本书的英文最终版，团队在此一并表示感谢。

# 缩 略 语
## ACRONYMS

| | |
|---|---|
| AGRUPAR | 参与式城市农业计划 |
| BCF | 巴尔的摩社区基金会 |
| BFPI | 巴尔的摩粮食政策倡议 |
| CAAS | 中国农业科学院 |
| CAE | 学校膳食委员会 |
| CAISAN | 粮食与营养安全部际商会 |
| CLF | 约翰·霍普金斯大学宜居未来中心 |
| COMUSAN | 粮食与营养安全委员会 |
| CONPES | 国家社会和经济政策委员会 |
| CPC | 中国共产党 |
| CSO | 民间组织 |
| EDU | 城市发展公司 |
| EUPHA | 欧洲公共卫生协会 |
| FAO | 联合国粮食及农业组织 |
| FOLU | 粮食和土地利用联盟 |
| Food PAC | 粮食政策顾问委员会 |
| FPC | 粮食政策委员会 |
| GDP | 国内生产总值 |
| GMO | 转基因生物 |
| ICLEI | 可持续发展地方政府 |
| IFPRI | 国际食物政策研究所 |
| ILO | 国际劳工组织 |
| KP | 知识产品 |
| MDMQ | 基多大都市区政府 |
| M&E | 监测与评估 |
| MRSC | 市研发服务中心 |
| MUFPP | 米兰城市粮食政策公约 |

| | |
|---|---|
| NADHALI | 城市地区发展可持续粮食体系项目 |
| MOU | 谅解备忘录 |
| NFNSSC | 国家粮食与营养安全指导委员会 |
| NGO | 非政府组织 |
| OECD | 经济合作与发展组织 |
| PAC | 粮食政策行动联盟 |
| PAQ | 基多农产品条约 |
| PRONAA | 国家粮食援助计划 |
| RtF | 食物权 |
| RUAF | 城市农业与粮食安全资源中心 |
| SDGs | 可持续①发展目标 |
| SISAN | 国家粮食与营养安全体系 |
| SMAB | 贝洛奥里藏特市粮食供应秘书处 |
| SMASAN | 贝洛奥里藏特市营养和粮食安全秘书处 |
| SMG | 首尔大都市政府 |
| SMPC | 上海市人民代表大会 |
| TFPC | 多伦多粮食政策委员会 |
| TFS | 多伦多粮食战略 |
| TPH | 多伦多公共卫生部 |
| TRANSFORM | 转型机构；便利、进步的工具（政策、规划、方案、规章等）；公开数据、知识和证据基础；有效的公共与私人融资资源；以及多方利益相关者参与和多级治理 |
| UNCDF | 联合国资本发展基金 |
| UNDESA | 联合国经济和社会事务部 |
| UNDP | 联合国开发计划署 |
| UNECA | 联合国非洲经济委员会 |
| UNICEF | 联合国儿童基金会 |
| UN-Habitat | 联合国人类住区规划署 |
| UA | 城市农业 |
| UPA | 城市和城郊农业 |
| USD | 美元 |

---

① 译者注：英文原文为"战略发展目标（Strategic Development Goals）"，疑为笔误。

# 执行摘要
## EXECUTIVE SUMMARY

## 概述

确保民众有充足的粮食是各国政府最基本的责任之一。一直以来，各国政府投入大量资源来增加主食作物的产量，以满足国家粮食需求。然而，我们今天的生活方式反映了粮食体系对营养健康、生计、就业以及地球可持续性的影响。不断演变的饮食结构、技术和城市化的发展以及日益加剧的气候变化，迫使各国政府时刻调整应对粮食体系发展的方式。例如，新冠肺炎疫情正迫使各国采取措施应对粮食体系各方面产生的问题。

在城市化迅猛发展的背景下，全球城市不断扩张，使得城市粮食体系在促进整个粮食体系转型方面发挥越来越重要的作用。城市居民何以为食以及如何获取食物，对粮食体系的发展、治理和表现有着巨大的影响。目前，超过一半的世界人口居住在城市。预计到 2050 年，全球三分之二的人口将居住在城市。城市地区的粮食市场规模占全球粮食市场总规模（9 万亿美元）的 80%，占全球经济总量（80 万亿美元）的 10%（Van Nieuwkoop，2019）。

城市粮食体系包含城市和城郊地区各粮食体系中发挥作用的功能和要素，地方各级政府（镇级、县级、区级、市级和省级）行使对城市粮食体系的治理权。传统渠道，包括粮食批发市场、露天农贸市场以及小型独立零售商店，在非洲和亚洲大多数国家的市场中占比超过 80%。私人摊贩和小餐馆为世界各地的低收入家庭提供服务。在最先进的批发、物流和粮食安全体系下，依靠资本密集型粮食加工、一体化冷链和粮食服务公司以及私人品牌、标签和包装等，超市和餐馆正引领着现代粮食供应渠道的发展新趋势。据估计，在主城区 20 公里的范围内，不同类型的城市和城郊农业总面积在世界灌溉农田中占比为 60%，其城市蔬菜供应量占比高达 90%。

城市各级政府部门正不断增强领导力并强化各方合作，以确保粮食安全、营养、健康、食品安全、废弃物管理、可持续性和韧性等方面得到有效治理。随着城市粮食体系的不断发展，迫切需要建立与之相适应的制度和匹配的流程，以应对快速的变化和随之而来的挑战。各城市越来越迫切地需要找到辖区内问题的解决方案，但同时其采取的一系列行动也会产生广泛的影响。新冠肺炎疫情期间，各国在地方层面采取的应对措施表明，地方政府在粮食体系治理中发挥着日趋重要的作用。此外，各国政府认识到解决粮食问题有助于解决其他方面的城市问题，并为采取行动和措施提供不同的视角、参考和政策选择。对于每一个城市而言，有效的制度建设和实施流程是解决城市问题、应对挑战至关重要的手段。

本书总结了全球 9 个典型城市（巴尔的摩、贝洛奥里藏特、利马、麦德林、内罗毕、基多、首尔、上海和多伦多）解决粮食问题的措施，同时在参考全球范围内其他城市各种二手资料的基础上，梳理出粮食体系治理的见解和经验。本书主体内容包括城市粮食体系治理的切入点、处理这些问题时的通用程序和内容考虑、主要治理模式以及未来在该领域投资的机会。成功案例可以鼓励其他地方政府采取新方法，并结合自身实际情况进行创新。每个城市都需要正确利用政治经济学原理，根据当地实际情况、重点问题和经济机遇，因地制宜地选择相应干预措施。

## 当前形势

各地城市正积极抓住机遇，应对城市粮食体系发展过程中带来的挑战。据估计，低收入国家城市地区有 32% ～ 43% 的民众处于粮食不安全状态（Stamoulis and Di Giuseppe，2020）。类似的挑战还有很多。大量城市居民负担不起有营养的食物，同时营养食物的获取机会也并不均等，这导致各种营养不良的问题层出不穷，例如超重、肥胖、心血管疾病、糖尿病、高血压等健康问题。许多购买力较弱的家庭依赖非正式粮食部门维持生计，他们通常只能购买到廉价且营养价值不高的食物。尽管非正式粮食部门一定程度上发挥着作用，但往往被忽视，还存在监管不力或易受干扰的情况。对于城市粮食体系而言，确保粮食安全是一个紧急而复杂的问题。必不可少的市场、存储、冷藏、加工及卫生等配套设施，在很大程度上无法满足不断上升的粮食需求。上述许多配套设施易受洪水、风暴、人畜共患病和其他问题的影响。大多数都需要拓展、升级并进行现代化改造。增强市政府的韧性、提高抗灾能力、完善应急预案则有助于克服城市粮食体系的脆弱性和应对配套设施面临的威胁（Tefft 等，2017）。

建立创新和高产的城市和城郊农业生产体系，为城市供应营养价值高的果蔬并提供重要的环境服务，常常受到土地利用规划、区划法规、建筑条例以及支撑体系缺位的限制。城市粮食体系功能的发挥常常受到水资源和能源匮乏的制约，并导致温室气体排放量增加，因此有必要将城市粮食体系功能相关内容纳入市政可持续计划和措施中。此外，送往垃圾填埋场的城市固体垃圾中有机厨余垃圾往往占比 50％，需各方齐心协力，来减少城市粮食体系治理过程中的损失和浪费。

另一方面，城市粮食体系为农业、工业和服务行业提供了大量就业和生计机会。年轻人是城市地区数量增长最快的群体，粮食行业的技术进步、创新突破、生产加工、市场营销和服务等方面的发展对他们极具吸引力。各地方政府正逐步意识到粮食体系在为城市居民提供急需的就业岗位方面的潜力。

## 有效治理城市粮食体系——重要见解

治理指的是公共、私营部门和民间组织参与者在涉及集体问题上的互动和决策过程，并以此建立或加强社会规范、规则和制度。治理还涉及上述机构的结构、作用及工作情况，以及调解分歧和保护权利的正式和非正式的程序和机制。

城市粮食体系的治理成效对解决面临的问题产生重大影响。良好的治理成效与运行效果、政策实施、预算执行、数据处理、治理机制等各因素密切相关，同时也为众多民间组织和私营部门参与者提供了参与解决具体问题的机会，良好的治理成效还有助于加强对共同粮食愿景和粮食议题紧迫性的认识，推动形成强烈政治意愿并将其转化为政治行动，以提出务实的解决方案。

下文总结了城市粮食体系治理的八项要点。

### ①起源、观念和模式

各城市着手研究粮食问题是出于当地参与者、（国家、省和地方各级）政府官员、行业权威和知名人士的需求、利益以及对问题的考量。城市解决粮食问题的模式可分三类：在强有力的国家政策、方案和计划指导下实施的国家影响型模式；由民间组织、积极的市长和市议会主导并力求解决具体城市问题的城市主导型模式；而以上两种模式结合而产生的混合型模式将强有力的市政府和民间组织领导力与国家政策和金融支持进行有机结合。

随着城市粮食体系不断发展，面对不断变化的人口统计数据、不断升级的食物偏好、不断出现的健康问题以及气候变化形势，各城市不得不提升对农业和粮食问题的参与度。上述这些现象引发的粮食问题接踵而至，为城市领导者提供新的切入点以参与到粮食体系的不同领域中，而这些领域往往超出许可证、食品检查、市场、区划等正常计划或监管职能范围。上文提到的三种不同治理模式均鲜明地体现出各城市领导层正在致力于将粮食问题融入地方发展行动中。

国家影响型模式。国家影响型模式的优势是市政府以国家部门政策和战略为指导，借助市级各部门技术知识和能力，在权力下放和向下授权的背景下，从部委或中央政府资源中获取必不可少的财政转移支付。虽然市政府或县区级政府通常能结合实际灵活出台相关措施，但总体战略方向由国家部委提供。后文的案例研究表明，国家影响型模式按行业类型（例如农业、商业、卫生）采取并执行相关措施，无论实施者是市级政府部门（例如在上海的案例中），还是被下放到区级或郡级政府中的国家部委官员（例如在内罗毕的案例中）。

城市主导型模式是在缺乏国家政策和计划、技术人员以及无法获得国家预算支持的情况下发展起来的。在选择该模式的城市中，地方政府开始对粮食问题进行适度投资，支持可以实现速赢的举措，同时在参与者之间建立良好关系和信任。城市主导型模式的优势在于它往往建立在地方民间组织粮食宣传和干预措施的基础上。这些民间组织的粮食宣传和干预措施均涉及技术项目（例如城市农业项目），同时通过拥护"支持粮食政策"的市长来参与政治议题。实行城市主导型模式需结合地方实际情况，城市往往从这种挑战与机遇并存的一手经验中获益。巴尔的摩和麦德林的城市主导型模式在市政府各部门之间开展广泛合作，这种策略有助于为政策和计划实施获得融资和人力资源支持。对城市而言，要与多个公共、私营部门和民间组织参与者开展合作并形成切实可行的联盟，提升创造性以及贯彻实用主义理念必不可少。

> **良好的治理**
> 让所有利益相关者能够制定共同愿景及行动战略。

混合型模式是以上两种模式的融合。这一模式将强有力的市政府和民间组织领导力与国家政策、计划和金融支持相结合，建立专门的市级粮食部门，领导实施大型综合粮食计划。

在本书所有城市案例中，地方政府努力提高认识，加强不同部门和利益相关者之间的合作和协调，并制定共同的目标和战略愿景，相关城市案例均取得成功。在一些城市，如巴尔的摩和利马，地方领导者首先提出"我们想要什么样的粮食体系"，随即开展了精心设计的判断性研究，为具体城市粮食问题提供了例证并强化了对相关问题的理解。该研究结果有助于获得政治支持，以便采取关键行动来改善地方粮食体系。

在许多城市，在与经验丰富的民间组织合作制定的规划和开展的政策对话中，城市粮食议题正越来越受到关注。这些民间组织是城市与社区之间的重要"纽带"，帮助城市提出粮食问题并敦促城市政府采取行动。在麦德林、基多和多伦多，民间组织历来参与宣传和社区组织工作，并在推动粮食体系问题改革上取得了成功。在贝洛奥里藏特、首尔和多伦多，特殊利益集团已经发展成为强大的政治力量，成为市长和地方政府的重要盟友和合作伙伴。

在一些得到中央授权的城市，如内罗毕和上海，当地政府通常按不同行业类型实施国家计划和政策，如将权力分配至郡级农业部门的官员手中。在其他城市，如巴尔的摩、贝洛奥里藏特、麦德林和首尔，市长积极致力于支持具体粮食议程，并在其竞选和市级优先事项中进行强调。在参与研究的大多数城市中，知名媒体从业人员或行业领袖同样在促进公众和政府部门支持新兴粮食问题方面发挥了重要作用。这些重要人物与民间组织和私营部门一道，为激发政治意愿创造了条件。

以上三种模式均要求政府、私营部门及民间组织等众多参与者在尊重各自利益、优先事项和解决问题方式的基础上开展合作。形成合作联盟对于开展政策对话、进行联合规划、监测和评估过程及影响至关重要。良好的治理有助于所有利益相关者制定共同愿景和行动战略。该愿景和战略的制定同样还取决于是否存在影响地方议程的国家粮食政策和计划。

②政策推动

粮食政策是城市努力解决粮食体系系统性问题的核心。各地城市采用各种符合特定部门、州（省）级或国家级立法要求的市级粮食政策手段（条例、准则等），以解决由于市场和政府失灵产生的实际粮食问题。

通过利用条例、法规、声明、决议和准则等政策和法律工具，城市粮食环境的问题得到解决，有关激励举措得以改进，粮食体系的治理效果显著提升。国家和州（省）级政策、标准、指导方针和融资会影响不同城市（例如贝洛奥里藏特、内罗毕、多伦多）的粮食政策执行。城市主导型模式有利于在不同市级政府部门（例如巴尔的摩）推行宽松政策。在定期审查过程中，这一模式会修订现有规章、条例和准则，同时避免出现复杂、耗时耗力且易引发争议的问题和政策。在城市或地方政府层面实施的国家影响型粮食计划，可在符合国家有关部门政策的前提下适用市级法规（例如上海市的粮食计划需同时符合国家农业和商务部门的政策要求）。

当一个国家缺乏一致的国家级综合粮食体系政策（如粮食的可获得性、可持续性、营养、生计、就业等方面的综合政策）时，一些城市就会以民间组织实施干预的经验和成就为指导，设计或修订政策和计划，以解决市场和政府的失灵问题（例如首尔和贝洛奥里藏特的公共采购）。

当旨在解决实际粮食问题的可行性政策得到政治支持时，城市就能取得粮食政策上的成功，即达到政策、政治和问题三者之间的趋同，例如，首尔的学校膳食、贝洛奥里藏特的饥饿问题、巴尔的摩的"粮食沙漠"。城市取得成功的关键因素包括强有力的政治领导、能力强且见多识广的多方工作组、提出问题的细致程度、定期交流以及为所有参与者提供能力支持的政策机会窗口等。然而，在这一过程中也同样存在各种挑战：对提出的问题和有关定义能否达成一致；公共部门、私营部门和民间组织参与者之间（即便在上述每个群体内部）的利益和待议事项的多样化，导致相关数据不足；围绕共同愿景建立切实可行的联盟，以便在具体问题尚不明确的议题上获得政治支持；使政策得以进一步发展完善；具备充足人力、金融资源以及专业知识和能力，以参加国家级的有关讨论。

最大限度地维护非正式粮食部门的潜在利益，需要良好的制度和政策框架，以及有利环境（如法律、监管和税收等方面）。在制定非正式部门规章时，包容性机构与合作尤为重要。在一些国家，市政府建立独立机构，集中统筹实施各种支持计划，以协助和促进非正式部门开展工作。

### ③整体规划

将粮食纳入城市发展、土地利用规划或部门特定规划往往是城市粮食干预措施的起点。将粮食问题纳入城市规划，使得粮食体系目标能与宏观层面上的城市目标保持一致。将粮食纳入部门特定规划，有助于获得融资，扩大对各种不同领域粮食问题的支持，并吸引越来越多的公共部门、私营部门和民间组织参与其中。

规划是市级政府开展城市建设工作的基石和重要手段。各城市以城市规划为基础，确定并优先考虑干预措施，用于空间使用、基础设施和金融资源等方面，为居住在人口密集地区的居民提供服务和便利。然而，若粮食体系干预措施未能纳入规划或不符合现行土地利用规划和区划法规，就无法实施大多数干预措施。

土地利用规划是城市规划的一个具体组成部分。它决定了粮食市场建造选址、城市农业规划地点及实施方式、能否在学校附近售卖快餐等问题。土地利用规划指导区划法规的制定，这些法规规定了城市空间的使用规则。

将粮食议题纳入城市规划，考验粮食领域专业人士对规划过程的理解，同时也考验城市规划者对粮食体系的理解。对这一议题不熟悉或缺乏理解，加上技术能力不足均会对粮食领域专业人士和城市规划者造成挑战。这表明，有必要强化相关教育培训，指导从业人员将粮食视作一种体系，将制定粮食规划视为城市治理的一种基本方式。

在许多城市，民间组织制定了粮食章程、粮食战略以及粮食体系规划，用以指导城市粮食体系工作。这些措施可以促进粮食体系纳入城市规划，有助于吸纳不同利益相关者和机构。许多城市的粮食项目开始时规模较小，随后逐步将粮食纳入其他部门规划，例如市级卫生、住房、商务、经济发展、交通运输及教育等部门的规划中，进而发展壮大。

粮食领域专业人士需要与城市规划者合作，确定合适的规划战略，以推进城市粮食工作。总体规划有助于建立共同粮食愿景，促进协作，降低冗余和资源低效使用的风险，助力资源调度并强化能力建设。特定领域的规划则要考虑更广泛的参与度和更具体的专业知识，着力提高灵活性，以使城市和相关参与者在不断变化的粮食环境中抓住新机遇或应对新挑战。

### ④完善城市粮食计划的体制机制

创建一种允许各利益相关者开展有效合作与交流的机制，无疑会使城市粮食计划受益。这种机制具备充足的人力和金融资源，职能类似于地方权力部门却又不完全等同（保留自治权），并可以随着粮食体系和计划变化而发展。例如，地方政府将粮食部门嵌入不同的市政部门；他们设立专门的粮食部门、单位或机构；可以在市级或县级的高级官员协调下，在各部门单独设计和实施干预措施；或者在建立正式的粮食部门之前先通过非正式机构开展相关工作。

此类决策取决于地方政府的结构、职能及其人员设置，还取决于实行何种模式（即城市主导型或国家影响型）、优先事项、市级部门利益以及调动金融资源的机会等一系列因素。在决定成立正式的粮食机构或部门之前，一些城市可能会先通过建立非正式机构（如工作组、委员会）进行试点并实行粮食干预措施。此后，这些城市可能继续利用这些临时性的非正式机构实施新的干预措施或开展新的试点。

在城市主导型模式下，城市粮食机构及其运作具备一定的灵活性且善于协调合作。巴尔的摩在市政府规划部建立粮食部门之前，曾利用一个工作组解决营养食物获取的难题。多伦多卫生部设有多伦多粮食战略和多伦多粮食政策委员会，与加拿大安大略省卫生部开展紧密合作。在这两个城市的成功合作案例中，跨部门之间的协作能力均发挥了重要作用。在贝洛奥里藏特和首尔，由一个可直接向市长汇报的市级部门协调并管理其他市级部门出台的粮食干预措施。在上海，市级部门或委员会（例如商务、农业等部门）在市长办公室的直接协调下设计并实施各自计划，而不是由独立的城市粮食部门负责。

案例研究显示，上述每一种类型的管理机制在满足如下条件时都能发挥作用，这些条件包括：关键利益相关者之间的良好协调、共同的愿景、充足的人力和金融资源、技术能力、创新性以及适应形势变化的灵活性。尽管体制机制会随着形势发展而进行调整，但经验表明，市长办公室与负责管理粮食计划的部门之间必须明确权责范围。城市主导型模式下的体制机制选择也可能影响获得预算的机会，例如获取营养食物项目预算，并决定工作人员的用工方式（例如公务员或合同用工）。获得稀缺人才资源的机会在粮食计划的初期同样重要。此外，体制机制并非永久不变，而是随着项目发展和新市长上任而发生变化。本书中的案例强调，随着形势变化而对机制体制进行灵活调整是至关重要的。

### ⑤争夺资源

在筛选城市以及确定由哪一级别政府来发起、协调和管理干预措施时，需要考虑的重要因素包括：人力资源能力，能否获得融资、政府支持，以及跨行政区域管理职权。

本书的案例研究城市涵盖市级政府（巴尔的摩、贝洛奥里藏特、麦德林和多伦多）、大都市政府（利马、基多和首尔）、郡政府（内罗毕）和直辖市政府（上海）。上述每个城市都包含不同类型的辖区（特区、行政区、乡、镇、次级县和选区）。许多粮食问题超越地方政府管辖范围，需要跨行政区管理机制进行统筹和解决。这些问题包括：土地利用规划和区划；城市和城郊农业管理法规；投资用于降低洪涝风险和保护生物多样性的绿色基础设施；以及涉及现代批发市场或农产品园区的大型项目。确定在何种类型的城市以及由哪一级别的政府协调和管理粮食干预措施，必然将取决于国家和地方的政治和管理背景、各级政府间的结构和关系，以及与人口统计数据、经济状况和地方政策相关的诸多因素。

政府级别的不同可能会影响跨越管辖范围提供服务的能力，还影响民间组织、私营部门、社区和公民能在多大程度上参与决策及其如何就政策结果来追究政府责任。级别较高的政府（例如大都市政府）可能有更多机会获得人力和金融资源，并具有更大的权力和责任来管理大型地域和经济区域的政策实施。例如，大都市政府能在降低交易成本和减少冲突的情况下，设计和批准政策以及协调和管理跨多个管辖区的干预措施，这被认为是更具影响力的管理方式。然而，较小的市级政府或次市级政府可能更适合协调和监督以社区为重点的干预措施。对于城镇较密和政府层级较多的大型城市区域，跨行政区机制成为设计、实施和管理粮食干预措施的关键。

两种因素可能为协调和管理低收入国家小城镇和中等城市的城市粮食干预措施提供更好机遇：国家部委（例如农业或商务部门）的工作人员被下派至地方政府并为地方政府获得国家预算。较小城市的市级政府，其行政和财政能力有限，人员较少，权力下放计划不完善，包括来自中央政府的转移支付在内的公共财政薄弱。

⑥数据间隙和证据生成

各地城市通过与大学、非政府组织（NGOs）和国际伙伴建立合作关系克服自身不足，弥补业务知识匮乏、经验证据薄弱和数据差距等问题，以生成关键数据和证据、界定和确定各类问题的优先次序、促成共同行动愿景，并设计和监测干预措施的实施情况及影响。

城市参与粮食体系治理过程中存在缺乏可用、有效、可靠的基础数据等实际问题。城市对粮食体系基本组成要素的认识和了解不够充分，例如，食物消费情况、食物浪费情况、城市生产系统、扩大投资的成本和能力。即使在国家层面，政策分析也未能跟上粮食体系的发展进程、城乡问题不断变化的地理环境以及各种后续影响，如粮食的营养、可持续性、包容性、可获得性问题。此外，对政策和规划进行更深入的分析是一项重大挑战。在数据碎片化和分散化的背景下，城市与大学、非政府组织、企业和技术伙伴建立起合作关系，以提供决策相关的分析和信息，例如，利马、麦德林和内罗毕的粮食评估和巴尔的摩的粮食体系制图。

在具备立法、政策、支出和评价方面数据的情况下，决策者和不同参与者可能不知道如何使用这些数据，因此很难制定可行的政策来应对需要优先解决的问题。公共部门、私营部门和民间组织参与者对数据的有效利用，将取决于其理解和利用分析结果的能力以及管理有关数据的能力。城市需要寻求有效的方法来监测和评估绩效，还要强化责任并汲取经验教训以改善实施效果。

**⑦多方利益相关者参与的"必要性"**

各地城市发现，吸引、协调和管理一个庞大而多样的利益相关者群体，对于解决粮食体系中复杂而又相互关联的问题是不可或缺的。

多方利益相关者平台有助于与参与粮食问题的各类公共部门、私营部门和民间组织参与者开展有效合作。地方政府面临的挑战是，需要找到有效方式与正式和非正式组织开展互动。在许多城市，正式的利益相关者机制是从技术和政治实力强大的地方粮食运动中发展起来的。在其他城市，地方粮食运动和民间组织一直是城市粮食问题的发起者和驱动者。在某些情况下，民间组织会鉴于形势被转变为正式的、由政府主导的机构。由此可见，领导力变革或问题解决也可能威胁一个组织或系统的连续性。另一个挑战则是确保多方利益相关者协调机制的可持续性。这种可持续性对于不同部门建立对粮食计划的信任至关重要。

一般而言，利益相关者组织以及围绕具体粮食问题组成的联盟，都会遭遇多个问题。在政府、私营部门和民间组织之间以及在这些群体内部，优先事项各不相同。若其中有群体利用机会将利益置于其他群体之上，就会产生利益冲突。各地城市面临的挑战是最大限度减少此类利益冲突，并确保不同政府部门或各级政府均能承担责任或执行相关政策。

政府以外的组织在为城市粮食干预措施提供金融和技术支持方面发挥了决定性作用，尤其是在支持和促进利益相关者的理解、参与和行动能力方面，例如在利马、麦德林、内罗毕、基多的案例中。这些组织可以发挥许多作用，例如提高对某些问题的认识、强化有关制度、协调干预措施及实施并监测其影响、共享数据和开展分析。开发合作伙伴可能有助于推动城市粮食体系治理这一进程，如动员民间支持、向地方政府提供技术建议、在其他城市和国家开展同行学习，或为试点计划提供资金。

> 最成功的城市粮食计划，表现为强有力的市级和国家政治支持、民间组织和私营部门的广泛支持、强有力的制度和技术能力以及国家和市级融资。

#### ⑧政治权力博弈与可持续性

城市粮食计划的可持续性源于广泛支持，但往往受到若干政治经济威胁的阻碍：不同部门之间的竞争（以及权力的博弈）、政党派别和政治议程各不相同的国家政府、市政府换届导致不同的施政重点。

最成功的城市粮食计划表现为强大的市级和国家政治支持、广泛的民间组织和私营部门支持、强大的机构和技术能力以及国家和市级融资。然而，由于各种政治挑战对连续性的影响，上述支持因素往往是不稳定的。如果权力过渡至新市长，而新市长具有不同的政治主张、计划理念和融资优先次序，这往往会对计划产生威胁。在饱受争议的政治关系、充满分歧的政治观点或媒体聚焦成功粮食干预措施所引发的嫉妒情绪等背景下，获取中央政府转移支付、技术援助和国家政治支持是有难度的。由于市级政府内部各部门试图谋取影响力和权力，因而人际关系、部门间较量和竞争也可能威胁计划的连续性。最后，成熟的市级粮食计划往往也会受到其自身成功的不利影响，因为信息不足或缺乏耐心的市长会撤销融资或者优先考虑其他议题。有效和熟练掌握城市粮食计划运作的政治环境，对于短期成功和长期持续性至关重要。这需要新的技能、强有力的联盟、持续监测以及定期的沟通。公共部门、私营部门和民间组织参与城市粮食干预措施，确保了粮食计划获得政治支持并具备长期持续性。

## 结语

城市粮食体系的影响不仅限于粮食本身，其影响范围也超出了城市和城郊地区。城市粮食体系是城乡一体化发展的重要方面，有助于推动实现可持续发展目标①。对粮食体系的治理，能将人类营养与健康、粮食体系抵御冲击能力、环境可持续性、包容性以及就业机会创造和城市发展等各类问题汇集在一起。新冠肺炎疫情大流行、城市化的快速发展和人口数量的激增，为城市粮食体系带来了更大的压力——如何能持续提供足量、安全、负担得起的营养食品。因而，理解城市粮食体系的多维度性，理解其如何发挥作用，及如何与更

---

① 译者注：英文原文为"战略发展目标"，疑为笔误。

广泛的经济、社会和农村地区相关联，显得愈发紧要。提升对此的认识和理解，是所有利益相关者齐心协力找到新问题解决方案并创造更包容、更可持续、更富营养和更有效粮食体系的基础。

在全球发展的背景下，无论是从城市发展、农业转型、环境可持续性还是其他角度来看，不同工作领域均需考虑如何有效支持城市粮食体系。后文的城市案例也表明，城市参与粮食项目的切入点或原因多种多样。例如，对批发和零售粮食市场进行现代化升级，对城市和城郊农业进行投资，加强食品安全，减少粮食浪费，或改善营养食物的供应和获取途径等。

尽管市、县、区政府部门很可能会继续主导城市粮食工作，但确定最适宜的政府级别（例如市级、国家级、地区级和全球级）仍将是决策者面临的一项重要问题。通过严谨的制度和形势评估来确定背景，进而确定能让城市粮食体系治理系统得以蓬勃发展的模式，可以解决这一问题。

在政府级别确定后，对不断变化的城市粮食空间进行管理需要显著的制度转型、创造力和突出的有利条件。在市级层面建立解决粮食问题的制度架构方面，本书中提到的案例城市均取得了不同程度的成功。上述城市在以下诸多领域取得成功：将粮食议题纳入市政议程；设立专门的市级粮食管理部门或强化相关职能；促进选定领域的政策、计划和预算的审批和推进；建立利益相关者平台；协调各部门和各级政府；调动金融资源并将与粮食有关的支出纳入预算；与各研究所合作以获取独立的分析信息来源。除了以上制度性成就外，这些城市还为利益相关者带来了切实而积极的成果。相关经验值得学习和推广。

在未来，世界银行和联合国粮农组织等机构能在城市粮食体系治理这一新兴城市粮食议程中发挥支撑作用。这些机构能填补知识空白和完善数据系统，促进国家和市级政策的升级和衔接，支持多方利益相关者合作，强化公共财政和权力下放，投资优先项目以及确保严格的监测和评估。强化社会资本利用及制度建设能力，如分析能力、技术能力、财务能力和管理能力等，对取得这些成果至关重要。

以知识产品为基础，在新冠肺炎疫情大流行以及受疫情影响出现的许多结构性粮食体系难题的背景下，近期成果产出和相关行动有助于综合开展城市粮食体系治理。粮食市场、粮食供应链和消费者粮食需求的转变即为鲜明例证。在这些转变中，市级政府通过与州（省）级和国家政府机构及部委密切配合，以制定决策。这些都是粮食体系治理和结构的重大转变，这或许从侧面说明这个面临严峻气候挑战的世界仍面临下一阶段的考验。

为应对当前城市化不断发展给世界带来的一系列新挑战，本书就城市粮食体系治理进行了深入分析，并阐述了城市越来越多地参与构建粮食体系所提供的各种机遇。世界银行和联合国粮农组织可在以下方面发挥重要作用：提高城市粮食体系治理的关注度，强化其与经济发展、减贫、健康和粮食安全的联系。世界银行和联合国粮农组织提供的知识和经验往往侧重政治性和技术性，能在国家层面积累经验并支持各国政府加快推进城市粮食体系向可持续、营养丰富的和包容性的方向发展。

# 目　录

CONTENTS

## 0　引言：为何关注城市粮食体系及其治理?

## 1　动力与切入点

## 2　城市粮食体系治理：背景与模式

# 3 城市规划的共同因素

# 4 治理模式的差异

# 5 结论

# 0 / 引言：为何关注城市粮食体系及其治理？

城市化在世界各地迅速发展，随之而来的是城市人口激增与城乡区域扩大。以 2015 年为例，全球大约 80％ 的农村居民住处距离市中心 3 小时路程以内，这一比例自 2000 年以来上升了 57％（国际食物政策研究所，2019）。当前，城市居民的粮食消耗量占世界粮食总产量的 70％（Cabannes and Marocchino，2018）。目前全世界 55％ 的人口生活在城市地区，预计到 2050 年该比例将上升至 68％；城市引领和塑造着我们的粮食体系（联合国经济和社会事务部，2018）。国家层面的粮食问题主要由国家各部委处理，而地方的粮食销售与消费则归地方政府管辖。城市日益亟待解决发生在自己辖区内的问题，他们采取的行动将对全球产生影响——尤其是城市粮食体系往往对解决粮食安全与人类健康问题举足轻重。无论从粮食保障、粮食安全还是不良饮食的角度看，新冠肺炎疫情等大流行病都彰显出城市粮食体系治理深深扎根于人类健康理念。城市粮食与医疗体系之间的关联表明，通过合适的市政干预措施更有效地"治本"而非通过医疗"治标"，不仅能节省开支，更能拯救生命。

国家政府在参与制定粮食体系政策方面的积极性相对不高，这反而让通常由强势型民间组织发起的地方倡议受到更多关注。公民、民间组织、必要情况下进行干预的国家政府，以及其他参与者的多方参与，能够促进地方政府应对难题、解决具体问题并推出粮食体系治理新举措。

城市粮食体系受到多种因素影响：人口变化、城市化、粮食消费、营养健康、技术快速革新、气候变化、资源稀缺、利益方参与本地化发展。以上每个因素都足以为参与城市粮食体系提供充分的理由，而具备以上所有因素则能令城市粮食体系发生翻天覆地的变化。知识产品（KP）——《城市化进程中的粮食体系研究》（Tefft 等，2017）以及粮食和土地利用联盟发布的里程碑式报告《渐入佳境：改变粮食与用地的十大关键转型（2019 年）》（粮食和土地利用联盟，2019），都详细探讨了这些因素。只有关注城市粮食体系治理及促成要素，才能有效解决以下问题：①城乡粮食体系不一致；②与转型失败相关的各类问题。城市粮食体系治理很大程度上依赖于职能机构，以及各类工具、资源、数据以及相关利益方参与和多级协调。

《城市化进程中的粮食体系研究》汇总了"TRANSFORM"（"转型"）框架的方方面面（Tefft 等，2017），并提出城市所追求的以下四种粮食体系结果相互关联：①劳动报酬高、农业经济得到改善；②负担得起的粮食以及惠及民众的粮食安全；③食品营养丰富、种类多样、优质安全；④农业与粮食体系灵活可持续。促成这些结果的条件可大致分为：①转型机构；②便利、进步的工具（政策、规划、计划、规章等）；③公开数据、知识和证据基础；④有效的公共与私人融资资源；⑤多方利益相关者参与和多级治理。

## 0.1　目标

本书汇总了九个已形成粮食干预措施的城市所积累的经验，例如巴尔的摩、贝洛奥里藏特、利马、麦德林、内罗毕、基多、首尔、上海和多伦多，同时参考了非洲、亚洲、欧洲、拉丁美洲、中东和北美地区的其他城市经验资料，旨在提供粮食体系治理方面的见解与收获，为日后世界银行和联合国粮农组织支持城市粮食干预提供信息支持。

## 0.2　目标受众

本书主要受众为世界银行职员，以及在城市工作的从业者和决策者（包括市长）。

## 0.3　定义

为明确表述相关见解，本书采用了下列术语和定义：

粮食体系涵盖农业、林业和渔业产品的生产、加工、销售、制备、消费和处理中的一系列活动，包括其中的投入和产出。粮食体系治理包含传统、现代和非正式机制，还涉及促进或阻碍粮食体系变革的人员和机构，及其所处的社会政治、经济和科技环境。这一定义包含了粮食安全的基本内容，并涵盖了更广泛层面的粮食运作体系。确切地说，城市粮食体系聚焦于城市和郊区，并对这些地区产生影响（联合国粮农组织，2017）。

农产品体系结合了"农业"与"粮食"二词的含义，从整体上考察粮食生产、运输、加工、销售、消费和废物处理中涉及的活动，还考虑到粮食体系与其他城市体系之间在社会、生态与经济方面的相互作用。"农产品体系"在措辞使用上等同于"粮食体系"，只是"农产品体系"明确了农业在粮食体系中的比重。

治理，广义上是指公共部门、私营部门和民间组织参与者之间就共同面临的难题进行交流决策的过程，并由此形成、加强或再创社会规范、法则和机构。它关系到：机构的结构、作用与表现；调节分歧、保护权益的正式与非正式流程和机制；政府间和参与者之间的关系，以及他们行使权力的能力。实际上，治理深刻影响着城市能否有效解决粮食体系问题，有助于应对改善国家和国际粮食体系所面临的更大的结构性挑战。

城市粮食体系治理可以看作城市和城郊地区在农业、粮食、生态系统和健康等广泛相关议题上的机制和流程，利益方借此表达诉求、调节分歧、围绕政府机构进行协作。正是这些法则、机构与做法限制并管理着个体、民间组织和私营部门参与者的行为。

城市粮食体系治理框架的基本构成要素包括：①转型机构；②便利、进步的工具（政策、规划、计划、规章等）；③公开数据、知识和证据基础；④有效的公共与私人融资资源；⑤多方利益相关者参与和多级治理。

本书中"城市""地方政府""市政府"等术语的含义并非一成不变。根据背景不同，"市政府"和"地方政府"的含义可能千差万别，尤其是涉及低收入、中等收入和高收入的国家时。"城区"与"乡村"、"市"与"镇"、"城市群"与"大都市"之间缺乏公认的国际标准（联合国，2016）。"城市—区域"这一表述变得更为常用，是由于人们意识到城市粮食问题往往要从更广泛的地区或区域角度来着手解决，这些角度包含动态的城市、城郊和乡村空间以及多个辖区（Forster 等，2015a）。粮食问题往往不局限于单一市政辖区或州（省）政府这样静态的范围。正好比高楼林立的市区突破行政市界而延伸至毗邻的辖区，粮食体系问题也会跨越城市、城郊和乡村动态空间中的多级政府。本书尽最大可能在各章节中阐明所提及的每个自治市或城市。例如在加拿大，"地方政府"和"市政府"同义。相反，在肯尼亚，"地方政府"指郡政府，其下设部门与国家政府的职能部委相关联。

# 0.4　方法论

为了获得深刻见解和新的收获，本书采用的案例分析取材于 2018 年在城市粮食体系治理方面具有共性与个性经验的九个研究案例。案例研究地点（九个城市）主要筛选依据包括：①可获取的史料和数据；②本市城市粮食体系的成功之处；③各城市与治理结构体系多样性以及地理多样性。因此，本书倾向于选择具备较完整制度结构和治理机制、持续积极参与粮食体系治理的城市。最新参与粮食体系治理但数据或资料不足的城市不予考虑；城市粮食举措较为被动、分散或协调性较差的城市同样排除在外。需要指出的是，对于拥有粮食干预职能部门但缺乏核心协调机制（例如某种粮食农业部门、主管或委员会）的城市，往往难以确定是否将其纳入案例研究。最终选择结果如下：①美国巴尔的摩（北美洲）；②巴西贝洛奥里藏特（南美洲）；③秘鲁利马（南美洲）；④哥伦比亚麦德林（南美洲）；⑤肯尼亚内罗毕（非洲）；⑥厄瓜多尔基多（南美洲）；⑦韩国首尔（亚洲）；⑧中国上海（亚洲）；⑨加拿大多伦多（北美洲）。

## 0.5　本书结构

本书结构如下：

- 内容提要
- 0　引言
- 1　动力与切入点
- 2　城市粮食体系治理：背景与模式
- 3　城市计划的共同因素
- 4　治理模式的差异
- 5　结论

第一章介绍了促进城市参与粮食议题的指导思想和其他相关议题，以及城市初次参与粮食体系治理时需确定和优先考虑的主要因素。第二章探讨了城市粮食体系治理类型、不同模式、促进这些模式发展的背景和推动因素，以及城市粮食体系治理方法中隐含的变化。第三章考察了在应对城市粮食体系问题时，城市粮食计划必须考虑的共同流程和内容。第四章着重论述各种管理模式采取的方法及其后续影响方面的差异。结论部分重点讲述未来面临的阻碍与机遇，总结了机遇、挑战和初步建议，以供后续研究和投资。附录中提供了案例研究、财政机制和城市土地利用规划的详情。

## 0.6　免责声明

需要对本书内容作出几点声明。市政府、私营部门和迅速兴起的民间组织共同参与城市粮食体系治理是一种新兴现象。这意味着，城市粮食体系治理方面的经验是稀缺和薄弱的。各个城市的经验表明，由于相关管理机构和流程的设立和完善需要一定时间，它们呈现的仅仅是截至目前的情况。鉴于各城市日益加强城市粮食问题的参与度，行业发展趋势无疑会日新月异。

文中陈述的结论旨在抛砖引玉，利用现有经验，为城市解决各自问题提供思路与见解。城市粮食体系治理不能一概而论。本书虽指出各城市存在共性，但机构或决策安排通常难以复制，因为每种情况都反映了其背景，包括城市及其所在国家的制度、社会文化、法律与政策传统。各城市必须以自身政治经济为定位来选择治理模式和制定干预举措，以适应当地状况、优先事项和经济机遇。

# 1/ 动力与切入点

过去 30 年来，公民、民间组织、私营部门、学术和公共机构日益呼吁解决城市面临的某些问题。为缓解这一压力，世界各地参与农产品具体议题的城市开始日益增多，但总量仍然偏少。本章将探讨这些促进城市参与农产品议题的因素。

## 1.1 关键因素

这些因素可大致分为：①粮食安全、营养与健康；②粮食主权；③粮食体系灵活性和可持续性；④影响和方法多样性。

### 1.1.1 粮食安全、营养与健康

迄今为止，各城市优先考虑的所有因素中，饥荒、营养、健康、食品安全和粮食公平等与粮食安全有关的问题始终居于首位。食物权 * （联合国粮农组织，2004）往往与粮食安全相关。贝洛奥里藏特、麦德林和首尔的案例研究探讨了确保粮食安全的不同方法：

• 在巴西贝洛奥里藏特，早在食物权被纳入《巴西宪法》之前，该城市就将粮食安全准则作为一项人权。这意味着所有公民均终生享有获取充足且品质合格粮食的权利。无论他们的社会地位和经济状况如何，政府均有义务维护所有公民的这项权利。

• 在哥伦比亚麦德林，城市参与粮食议题的部分原因是要满足城市贫民的需求和期望，这些贫民也包括因长期内乱迁入麦德林的大批难民。

• 在韩国首尔，大都市政府在 2017 年 6 月签署了正式公告，给予首尔市民基本食物权，作为《首尔粮食总体规划》实施的基础。

### 1.1.2 粮食主权

"粮食主权"（food sovereignty）这一概念指各国有权制定自己的粮食可持续生产、销售和消费政策及战略，确保全体人民享有粮食。它还包括各国有权获得健康且符合自己民族文化传统的粮食，并有权制定自己的粮食和农业体系（世界粮食主权论坛，2001）。它不仅对诸多城市粮食议题参与者产生了重大影响，尤其是在拉丁美洲和欧洲（包括作为案例分析的贝洛奥里藏特、麦德

---

\* 译者注：食物权（right to food），即消费者经常、持久、自由地、以符合自己民族文化传统的方式、直接或通过用钱购买获得适当质量和数量的足够食物，从而保证个人和集体的身心健康、愉快而有尊严、无忧无虑地生活的权利。来源：联合国粮农组织《充足食物权》。

林和基多），也影响着世界各地致力于当地粮食体系发展的参与者。

### 1.1.3　粮食体系灵活性和可持续性

可持续性问题在世界各地城市普遍存在，包括亚洲、欧洲和北美洲等诸多城市设立了跨领域可持续部门（如巴尔的摩）。农业生态是拉丁美洲和欧洲地区信奉的一个理念，推崇以土为生、养料循环、生物多样性的动态管理和全方位节能（Nobrega，2014）。

随着各城市面临气候变化、粮食安全和大流行病相关的紧急事件，建立灵活的粮食体系日益成为城市参与粮食问题的切入点。粮食体系涉及城市综合性粮食体系韧性计划及对应措施的制定和执行。只有巴尔的摩、基多和多伦多等少数城市，以粮食体系脆弱性评估为基础制定了这类计划。值得一提的是，在曼谷，私营部门也倡导制定城市粮食体系韧性计划。

• 继 2011 年曼谷 72%的区域面积遭遇严峻洪水后，基于城市粮食供应中断的教训，曼谷一些大型农业综合企业开始转型。此后，他们在曼谷和周边地区成立了 100 家新销售单位，以提升零售点食品配送效率，同时为原有的 10 处主要销售中心提供补给。此外，乐购莲花旗下 450 家农业综合企业在曼谷成立了新型合资销售中心。这种模式使得他们能够共用场地和分摊运输成本，形成了更灵活的粮食供应链，向各类企业供货（Pornchaleumpong and Rattan-apanon，2015）。

## 1.2　影响与方法多样性

本土化：本土化以利益为基础，强调“当地”或优先考虑“当地”，为城市和城郊附近乡村的民生、企业、粮食生产和消费提供支持。本土化促进了各种干预措施的实施，有助于解决包括可持续性和灵活性、平等、粮食公平*、粮食保障、社会包容以及健康与营养在内的一系列关键问题。不应混淆本土化与“当地”两个词的使用。粮食公司和消费者可能将“本土”与社会责任感、新鲜天然洁净的食物、小本生意、优质、可持续、更健康、气候友好等相关联。本土化的定义具有主观性和多面性，可能涵盖新鲜天然、家庭经营和生产、生产方直送、小规模生产者或生产销售范围限于 150 英里**内等多方面含义（Henkes，2020）。

---

＊ 译者注：粮食公平（food justice），指的是在粮食体系中，从生产到消费的每一步骤都要保证公平。

＊＊ 编者注：英里为英制计量单位，1 英里≈1.609 千米。

现代化：秉持"现代化"理念的城市，往往希望打造符合未来设想的城市空间。例如，上海致力于成为金融、教育和生态一体化的创新型城市，将粮食安全、现代化战略市场和灵活且有保障的粮食体系融为一体。在这一粮食体系下，城市和城郊农业共同为城市供应新鲜蔬菜。粮食与上海市总体发展蓝图之间的联系，为加强粮食体系建设确定了重点工作领域。

国家影响：各城市着手解决粮食问题，在不同程度上受到总体国家环境的影响。这些环境包括决定中央权力下放的政治议程和政策、公共财政体系、国家战略和倡议。国家层面的行业政策、规划和预算会影响各城市的重点事项，而其中之一就是制定和实施城市粮食规划。例如，由于制度不同，在部分联邦制国家，省或州有权制定部分行业的政策（加拿大政府，2020）。国家或州（省）政府的政策和规划可能主导城市采取粮食行动并为城市提供拨款，而拨款可能影响相关粮食措施的实施，这在贝洛奥里藏特、内罗毕和上海的案例分析中可见一斑。

随着各城市宣布面临气候变化、粮食安全和大流行病相关的紧急事件，建立灵活的粮食体系日益成为城市地区参与粮食问题的切入点。

积极领导与拥护：经验表明，能有效动员各利益方、克服政治主张差异或缓和利益团体之间博弈的积极领导者，对于形成支持某项议题或一系列行动的联盟十分重要。在巴尔的摩、贝洛奥里藏特和首尔等诸多城市，历任市长在将粮食纳入市政议程、维持预算、规划和政策方面发挥了举足轻重的作用。在巴尔的摩和多伦多长期实施的城市粮食规划中，粮食政策主管在主导城市粮食干预措施的制定、实施与可持续性，形成战略联盟，跨市政部门和政府机构等方面扮演关键角色。同样，曼谷都市管理局采取的粮食行动由民间组织领导，得到了市政府支持，还受到了泰国国王的大力支持和鼓舞。泰国国王推动了当地生产和消费健康营养的食品，并鼓励社会朝这一方向付诸行动。他的权力、国人对他的尊重及具有全国影响力的地位和话语权，为城市粮食行动提供了大力支持，同时也限制了来自大型粮食企业的批评和反对的声音。在贝洛奥里藏特粮食计划实施早期（1993年），"反对饥饿和支持生命的公民运动"开始成形，旨在动员人们支持减轻农村地区贫困和营养不良的行动。这一运动大获成功的部分原因在于发起者和有影响力活动家的努力。可以看到，通过充分激发市民热情，这一运动成功调动了各阶层民众齐心协力实现共同目标的积极性。巴西强大的中产阶级对粮食安全问题的支持，进一步推动了相关的政治行动。

## 1.3　多重因素的催化作用

上述问题和因素涵盖政治、社会、意识形态等多方面，直接或间接地推进各城市启动粮食干预措施。如表 1.1 所示，在这些被选为案例分析的城市中，多数城市的农产品干预措施从关注粮食不安全状况、营养与健康等问题入手，为后续参与粮食项目提供了初步途径。如内罗毕和基多的案例分析所示，城市粮食治理项目的成功往往取决于多重因素合力。

在厄瓜多尔基多的案例中，厄瓜多尔法律体系将国际法则与权利纳入自己的政策，其中包括将粮食主权纳入宪法和法律体制，同时也从法律上认可了食物权。此外，基多将城市有机农业用作脆弱的城市生产者提供粮食与营养安全的灾害风险缓解措施。这一举措促进了该国在 2002 年制定并有效实施"参与式城市农业规划"（AGRUPAR）。最后，将粮食问题纳入基多城市发展规划也促进了这一规划持续获得更高级别的政治关注。

在肯尼亚内罗毕，2010 年版国家《宪法》的实施促进了食物权获得初步认可，促使后续的粮食政策将"实现城市粮食安全"视为重要目标。肯尼亚分别在 2011 年和 2012 年颁布《国家粮食安全与营养政策》和《城区与城市法令》，从国家层面上建立了城市粮食体系的框架。2015 年颁布的《内罗毕市郡农业促进和管理法》，使城市粮食保障成为焦点。尽管如此，直到 2018 年，内罗毕城乡政府才成立了农业、畜牧业和渔业部，内设城市粮食体系指挥处。

表 1.1　案例研究城市参与粮食项目的切入点

| 城市 | 影响因素 | 关键问题 | 初始切入点 |
|---|---|---|---|
| 美国巴尔的摩 | · 对粮食不安全、健康不良问题的研究结果<br>· 积极作为的市长 | · 粮食不安全<br>· 城市贫困<br>· 难以获得营养食物 | · 绘制粮食环境地图<br>· 巴尔的摩健康食品环境<br>· 解决城市周边获取营养食物的策略 |
| 巴西贝洛奥里藏特 | · 国家粮食政策<br>· 权力下放<br>· 积极作为的市长<br>· 民众拥护 | · 城市贫困<br>· 粮食不安全<br>· 营养不良 | · 综合粮食营养规划<br>· 校餐 |
| 秘鲁利马 | · 高效的民间组织<br>· 发展伙伴<br>· 国家政策 | · 粮食体系对气候的适应能力<br>· 粮食不安全<br>· 城市农业 | · 粮食安全与营养不良<br>· 城市和城郊农业 |

（续）

| 城市 | 影响因素 | 关键问题 | 初始切入点 |
|------|---------|---------|-----------|
| 哥伦比亚麦德林 | • 高效的民间组织<br>• 积极作为的市长和市领导<br>• 难民情况<br>• 粮食主权<br>• 发展伙伴 | • 粮食不安全与贫困<br>• 当地粮食市场 | • 城市和城郊农业<br>• 广阔的粮食市场<br>• 城乡联动（城市与地区） |
| 肯尼亚内罗毕 | • 国家政策<br>• 权力下放 | • 粮食不安全 | • 城市和城郊农业 |
| 厄瓜多尔基多 | • 高效的民间组织<br>• 积极作为的市领导<br>• 粮食主权<br>• 食物权 | • 城市贫困<br>• 粮食不安全<br>• 营养食物的获取 | • 城市和城郊农业<br>• 粮食营销体系 |
| 韩国首尔 | • 高效的民间组织<br>• 积极作为的市长<br>• 国家政策 | • 粮食无保障<br>• 粮食安全<br>• 健康饮食 | • 健康首尔粮食战略<br>• 普遍免费校餐<br>• 城市和城郊农业 |
| 中国上海 | • 国家政策、计划<br>• 迅速城市化<br>• 粮食保障目标 | • 粮食安全<br>• 城郊耕地流失<br>• 城市粮食供应 | • 粮食安全<br>• 粮食市场<br>• 城市和城郊农业 |
| 加拿大多伦多 | • 高效的民间组织<br>• 支持型省、市领导 | • 营养食物的获取<br>• 粮食不安全 | • 社区食物银行<br>• 各种粮食、营养与健康行动 |

# 2 / 城市粮食体系治理：
## 背景与模式

城市粮食体系治理的模式多种多样。粮食体系所遵循的治理模式取决于孕育它的环境。环境（和相应的模式）也会影响城市粮食体系治理应对问题的方式。本案例分析中关注到的城市粮食体系治理三大模式包括：①城市主导型；②国家影响型；③混合型（图 2.1）。这些模式并非刻意选择，而是取决于影响城市粮食干预方法和最初切入点的各因素（见第一章）的相对重要性。

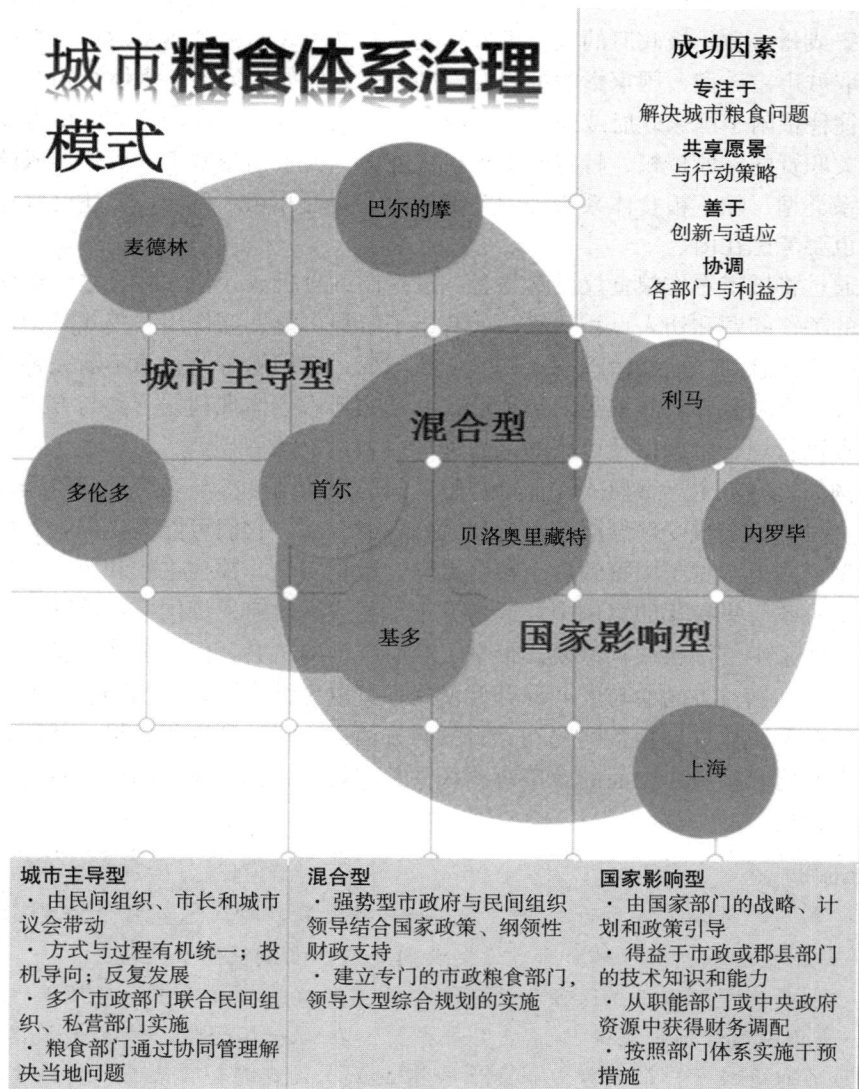

图 2.1　城市粮食体系治理模式

## 2.1 背景

首先，要了解一座城市在解决粮食问题中的潜在作用，不妨先将它视为粮食议题的参与者，考察它目前的制度概况。归根结底，就是了解其背景。城市类型尤为重要，因为它表明了这座城市是否在市政辖区内拥有有限的管理权，或是否是由多个小城市或多辖区城镇组成的较大都市区、郡或城区。此外，了解国家或州（省）级政府的权力下放程度，有助于表明粮食体系治理是否倾向于采取城市主导型、国家影响型或混合型模式。例如，许多粮食体系相关治理职责往往依附于国家政府或州（省）政府的授权。这样一来，这类城市可能没有相关职责的一般授权、特定职责授权或能力。为了预测城市最可能形成的治理体系类型，除了粮食体系治理的关键动力、问题和切入点外，上述这些背景因素也要考虑在内。

通过将城市看作粮食议题参与者、进行制度分析或评估，并将之与最切合城市的关键问题和切入点相关联，就有望了解最可能发挥作用的模式类型。同时也应该注意到，这些治理模式并非一成不变，它们随着调整而不断完善。每种模式都有利有弊，其本身的治理形式和结构随后会体现利益方参与方式、数据和资讯管理、协调以及可用的（人力和财力）资源。

例如，城市主导型模式往往得益于民间组织的高度参与和跨部门协作。然而，在融资机会或受领导层政治过渡风险影响方面，它们可能更受局限。国家影响型模式更常见于国家致力于粮食保障、粮食安全、粮食主权和粮食营养等这类中央政府集权化的案例中，或者见于郡县或区政府发挥国家职能部门作用的分权体系中。国家影响型模式带来了政府资助的机会，但可能降低基层的自主性优势和利益方的参与度。混合型模式，可以说结合了以上两种模式的最大优势，在系统化处理粮食问题和克服障碍方面或许能达到理想效果。然而，实现国家政府和市政府层面的政策协调往往并非易事，当侧重点出现分歧时，可能产生冲突。

**了解制度**

"制度"集合了重要的规则、主体和有效实践，对促进包容性转变具有重要作用。这种包容性转变通过设定共同规则和激励机制来实现。

"制度化"既指正式认可和制定地方及国家政策、立法中的某项干预措施，又指对该干预措施的日常应用或支持。在这一层面上，特定干预措施（如城市粮食政策）的制度或制度化专指正式建立规则和做法，以持续支持干预措施的实施。

> 尽管成立新的政府部门、机构或设置员工岗位体现了干预措施在形式上的"制度化"，但仅仅如此还不够。设立政策、规则和举措来支持干预措施（而非政府机构本身）同样重要。

表 2.1 呈现了本书中案例研究城市的行政机关概况。巴尔的摩、贝洛奥里藏特和多伦多的行政类型为市政府①，利马、麦德林、基多、首尔的行政类型为大都市政府②，上海的行政类型为直辖市政府，内罗毕的行政类型为郡政府。这些城市的治理体系差异很大，在以下方面的程度和等级上也不相同：①集权或对城市职能的掌控；②城市各辖区之间的关系。在实践中，中央（国家）政府、州（省）政府、地区（县）政府、大都市政府和市政府之间的参与合作程度也不尽相同。在每个案例中，参与粮食项目的当地政府是首要管理单位，不隶属于该辖区的其他管理部门。

## 2.2 城市主导型模式

城市主导型粮食计划通常以"民间组织大力参与、市政府和市长重视并积极行动"为特征。这些粮食计划往往来自当地民间组织的粮食倡议和运动，内容涉及技术规划（如城市农业）和"支持粮食政策"市长的政治支持。其背景往往是国家对城市粮食问题缺乏关注或投入。由于没有国家和市政府及时和直接的财力支持，城市主导型模式的方式和过程带有机会主义倾向，即"寻找机会并成功动员各公共、私营部门和民间组织伙伴以实现显著积极结果"。

城市主导型粮食计划强调创造性、创新性、实用主义和多个参与者的广泛合作，由此形成切实可行的联盟。城市主导型粮食计划倾向于城市跨部门的广泛合作，这有助于解决资金和人力资源不足的问题，如巴尔的摩和麦德林的案例分析所示。有的城市会从不同市政部门实施干预，也有的倾向于使用简便而集思广益的模式。加拿大多伦多便是一个集思广益型模式的例子，由"多伦多粮食战略"发起并支持的各种粮食项目，满足了不同参与者的需求。

---

① 译者注：由于各国行政区划以及城市组成方式存在差异，同样作为地方政府的以上三个城市的类型也不相同。为便于读者理解，暂将三个城市的行政机构统一译为"市政府"。详见"引言"章节的"定义"部分。

② 译者注：大都市区一般是指一个大型核心城市与其相邻的城市和农村周边地区的组合而成的区域，而且这个核心城市与周边地区有着密切的社会经济联系，属于同一个功能经济区。针对某些功能设立的独立的大都市政府，既可以是针对特定职能设立的地方政府，也可以是真正意义上的二级地方政府，下设一级地方政府。基多为大都会区政府，称呼略有差异。来源：世界银行《2020 大都市治理国际实践经验》。

表 2.1　案例研究城市的政府类型概况

| 城市 | 类型/等级 | 领导者 | 人口<br>城区/大都市区 | 管辖区域 | 立法机构 |
|---|---|---|---|---|---|
| 巴尔的摩 | 市政府 | 当选市长 | 约 60 万/280 万 | 14 个行政区 | 14 名成员 |
| 贝洛奥里藏特 | 市政府 | 当选市长 | 250 万/520 万 | 9 个大区<br>487 个街区 | 41 名成员 |
| 利马 | 利马大都市政府 | 当选市长 | 890 万/1 000 万 | 43 个行政区 | 5 名议会成员 |
| 麦德林 | 麦德林大都市政府 | 当选市长 | 240 万/370 万 | 6 个区域，16 个城市行政区，5 个镇区 | 当选议会 |
| 内罗毕 | 内罗毕郡政府 | 当选省长 | 440 万/650 万 | 7 个次级县，85 个选区 | 议会：85 名当选成员和 38 名任命成员 |
| 基多 | 基多大都会区政府 | 当选市长 | 200 万/310 万 | 11 个区域 | 15 名成员 |
| 首尔 | 首尔大都市政府 | 当选市长 | 970 万/2 560 万 | 25 个行政区 | 110 名成员 |
| 上海 | 直辖市政府 | 市委书记 | 2 430 万 | 16 个市辖区，210 个镇 | 868 名成员 |
| 多伦多 | 市政府 | 当选市长 | 270 万/590 万 | 25 个选区 | 25 名成员 |

　　在使用城市主导型模式解决城市粮食体系治理问题以及促使粮食政策制度化方面，领导力和政策拥护等影响因素也发挥了一定作用。在拥有强势型市长的城市，政府机构通常包含行政部门、选民选举出的市长，以及作为立法部门的一院制议会。这些城市往往更重视政策流程、政策工具和利益方之间的互动。巴尔的摩等城市主导型案例研究，彰显了领导者的影响力，强调了以下两点：①一个既定粮食部门的官方管理要有明确的权力划分和汇报渠道；②要容易接触到高层决策者。

## 2.3　国家影响型模式

　　国家影响型模式用于以下城市：根据国家指导或国家政策制定和实施计划的城市，或得到国家授权的城市。在权力下放和授权的背景下，这种模式往往得益于部委或中央政府资源的财务调配。虽然市政府或地方政府经常能根据当地环境灵活调整和实施粮食计划，但来自国家职能部门（如内罗毕和上海的案例研究中）的规划方向或政策导向依然必不可少。这些案例研究表明，市政或县级部门能按照部门职能（如农业、商业、医疗）实施干预措施，并直接向市政高层官员汇报。这并不意味着一定要成立专门的粮食部门。

## ➔ 思考：

在低收入国家，鉴于与地方（县或区）政府的联系，国家影响型模式可能比较具有吸引力。相对于较小的市政府，地方政府更方便获得人力资源，因为地方政府官员往往作为国家部委下放的官员与国家政府进行联系。在区县层面，国家部委的下放官员能获取国家政府的资源，这相当重要。这种方式可能比通过市政府获取资源更有效。对于部分发展中国家而言，鉴于缺乏有效的权力下放以及中央政府对市政府的公共资助不足，由地方（县或区）政府参与城市粮食体系治理显得更加稳妥。

### 巴尔的摩：制度发力，谋求成功

2010年，巴尔的摩市长任命了一名粮食政策主管，以加强城市机构之间的合作。由此可见，这位市长对城市粮食体系进行了大力投入。这项行动旨在：①令巴尔的摩成为可持续性地方粮食体系的引领者；②令巴尔的摩"粮食沙漠"区更容易获取健康实惠的食物。为了实现这些目标，新上任的粮食政策主管提出了"巴尔的摩粮食政策倡议"（BFPI），将通过严密咨询过程获得的一整套粮食体系建议转化为行动，把巴尔的摩打造为城市粮食体系治理的全国领军城市和典范。

这些成就并非仅仅依靠市长的努力。这要部分归功于利益相关方愈发意识到获得营养食品和医疗效果息息相关，还要归功于城市医疗、教育、商业部门的通力合作以及敏锐的分析结果。在这些因素的共同作用下，市长号召成立了"巴尔的摩粮食政策任务小组"，成员包括本市卫生专员、规划部部长及来自公共机构、现代食品零售、高校和民间组织的16名代表。该任务小组抓住改善巴尔的摩粮食状况的机会，经过多方利益相关者审查后制定23项可行的计划、项目或政策，从而建立起一个粮食体系，更好地确保每位居民平等获得营养粮食。它还发布了一份报告，报告中的10个目标致力于解决可持续性粮食问题，推动了该市市长于2010年设立粮食政策主管一职。之后启动的"巴尔的摩粮食政策倡议"包括本市规划部、可持续办事处、医疗部和巴尔的摩发展公司。立足于系统化、综合性粮食体系方法，"巴尔的摩粮食政策倡议"现在发挥着规划与政策"商店"的作用，以找出应对本市粮食挑战的政策性解决方案。

## 2.4　混合型模式

混合型模式是城市主导型模式和国家影响型模式的结合，指城市在强势型市政府和民间组织的领导下合理利用国家政策和财政支持，建立专门的粮食部门，领导大型综合性项目的实施。许多城市的混合型模式脱胎于城市主导型模式（如贝洛奥里藏特、基多和首尔）。这种模式最能体现城市运用系统化粮食体系的观点，以便专注务实地解决实际的城市粮食问题。

# 3/城市规划的共同因素

第一章和第二章探讨了不同背景下塑造城市粮食体系治理的动力、切入点和各种模式。在了解这些以后，我们不妨思考一下塑造这些城市粮食体系的共同过程和因素。从过程到内容，本章涵盖治理模式之外应考虑的因素，主体内容为利用案例研究提供具体事例，突出背景差异，在可能的情况下探讨跨部门和城乡联系。

## 3.1 案例共性

无论采用何种模式，城市粮食计划都包含政策措施、社区项目、大型投资项目、预算和融资行动、教育和宣传、倡导和游说、培训和咨询服务等各种行动。这些行动的规模可能存在显著差异，小到街区式干预，大到旗舰型粮食倡议和计划。干预措施往往避免直接涉及粮食体系中与企业相关的内容，而倾向于使用具有促进作用的公共产品来获得结果。

根据"转型"框架，任何城市粮食体系治理模式发挥成效均取决于有利因素（图3.1）。这些有利因素可被分为五大类别，包括：①转型机构；②便利、进步的工具（政策、规划、计划、规章等）；③公开数据、知识和证据基础；④有效的公共与私人融资资源；⑤多方利益相关者参与和多级治理。组成"转型"框架的有利因素影响着粮食体系的成效，也受到国家和当地环境的强烈制约。

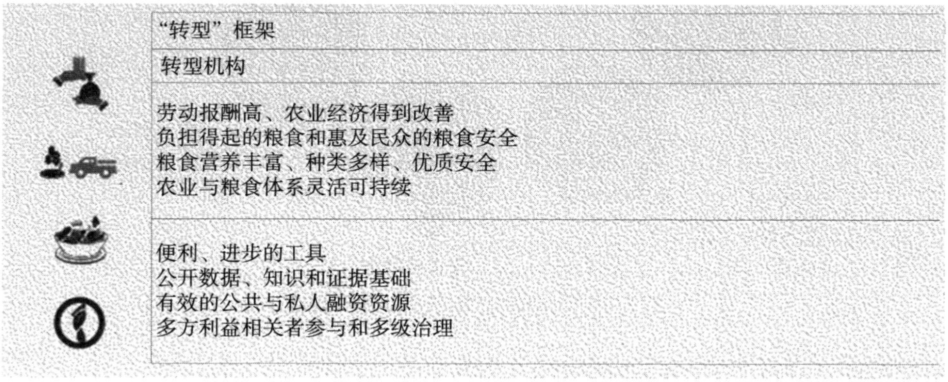

"转型"框架

转型机构

劳动报酬高、农业经济得到改善
负担得起的粮食和惠及民众的粮食安全
粮食营养丰富、种类多样、优质安全
农业与粮食体系灵活可持续

便利、进步的工具
公开数据、知识和证据基础
有效的公共与私人融资资源
多方利益相关者参与和多级治理

图3.1 "转型"框架

## 3.2 程序考量

### 3.2.1 建立粮食部门

城市粮食干预措施需要多个社会部门合作、多层治理介入、不同政策领域和不同级别政府协作。为实施这些干预措施、应对城市中的粮食挑战，部分自治市选择在现有地方行政机构下设立粮食部门。城市粮食部门既可以由某一个政府部门独立成立，也可以由不同部门联合成立（图 3.2）。贝洛奥里藏特、麦德林和首尔的粮食机构由粮食部门或单位（往往作为专门的粮食分支或机构成立）统一管理，而巴尔的摩、利马、内罗毕、基多、上海和多伦多则在其他相关部门（如规划部、经济发展部、医疗部）设立机构管理粮食问题。城市粮食部门会随着时间的变化而动态调整。

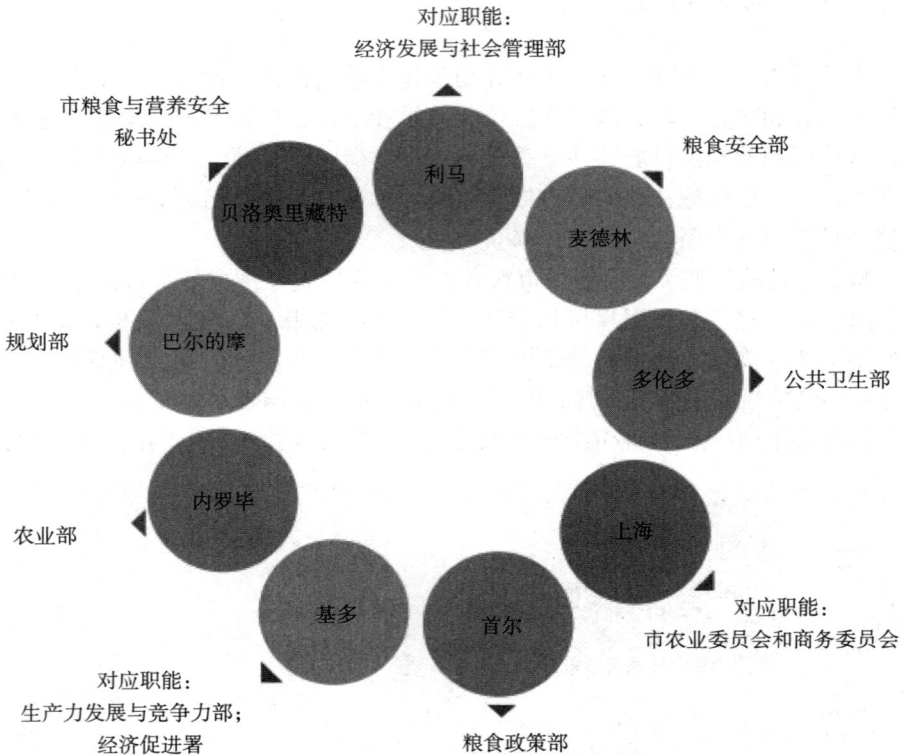

图 3.2　案例研究城市粮食部门归口

此外，理解粮食部门之间的差异同样重要。例如：

• 上海的机构结构反映了国家层面的机构设置。农业、医疗、商业和其他部门委员会（即部门）在市政府中发挥技术层面的作用。这些部门的工作由副市长监管，而副市长向作为城市的"首席运营官"市长汇报。

• 在首尔大都市政府，九个部门和两个机构负责粮食干预措施。市民卫生局的粮食政策部（原食品安全部）监管城市粮食政策。

• 贝洛奥里藏特发起城市粮食规划时，市政府建立了市粮食供应秘书处

（原名 Secretaria Municipal de Abastecimento，简称 SMAB；后改名为市粮食与营养安全秘书处，简称 SMASAN；之后又改为粮食与营养安全署）。作为本市新兴粮食计划的引领者，该秘书处缓解了粮食不安全的情况。通过成立另设预算的独立管理机构，政府将各市政粮食干预措施的规划、协调机制与执行过程进行整合，从而将粮食安全纳入市公共政策。

• 多伦多粮食政策委员会（TFPC）成立于 1991 年。不同于北美洲的其他粮食政策委员会（FPC），作为多伦多市卫生部的分委员会，多伦多粮食政策委员会在粮食政策问题上为多伦多出谋划策，和 2010 年成立的"多伦多粮食战略"（TFS）团队并肩协作。多伦多粮食政策委员会不同于其他市级分委员会，它具有一定程度的独立性（大部分分委员会没有独立性），彰显了粮食规划与政策的成功之处。它注重倡导、赋能和调解，这对确保粮食议题的可持续性必不可少。作为灵活丰富的多方参与机制，多伦多粮食政策委员会通过社会发展部从卫生部和市议会获取适量资源。作为要纳入市政府的最新粮食部门，成立"多伦多粮食战略"团队旨在引导"多伦多粮食战略"的实施。多伦多粮食政策委员会囊括了诸多社区和商业领导，如今已经成为多伦多粮食战略的社区顾问小组。

探讨粮食部门的职能或权限意义重大，因为明确了解并认同它们的优先职责、明确活动规划，将为推进粮食计划相关的工作奠定基础。对于优先职能的了解，也有助于探讨并确定最适合城市粮食部门的制度支柱。粮食部门的机构设置也会影响它与政府管理和官方程序的关系，这在很大程度上制约着人力资源和预算。

市级粮食政策部门通常负责解决相互竞争和相互冲突的利益难题，这些难题往往需要经过长时间对抗性讨论后才得以解决。政策的制定过程是处理复杂问题的过程，要解决复杂多变、混乱无序的审议过程中出现的各种利益冲突。为了协助管理人员和市政府解决这些难题，粮食部门需要在政策内容和管理流程方面配备具有相关知识和技能的资深人员，这取决于公共、私营部门或民间组织何时、何地、如何参与这一过程。具体而言，可能包括了解国家、州（省）级或地方条例法规的内容，或与倡议和游说相关的法规。政策参与需要政治觉悟和敏锐，这些能力只能通过在实际经验中得到培养。

**粮食部门的重要性：案例分析示例**

粮食部门参与市政粮食干预措施的制定和监督，能够减少利益重叠和冲突的风险。例如，在贝洛奥里藏特，市粮食与营养安全秘书处促进了三个子计划的制定与实施。首尔成立了工作团队和领头机构协调粮食干预措施。

在这两个案例中，粮食部门协调和监督不同部门干预措施的制定和实施。因此，城市粮食部门需要确保多部门项目执行或政策实施的责任明确，避免出现多级政府或市政和国家部门同时担责的情况。

如首尔的案例研究中所示，不同职能部门的多样性和复杂性可能增加综合计划的实施难度，而这一综合计划包含支持共同目标的相关部门政策和计划。粮食项目协调能力的提升可以通过改进项目的优先次序、加强项目和计划的协调以及发展共同项目来实现。

### 3.2.2 规划

公共、私营部门和民间组织等相关利益方采用了各种策略将粮食纳入各种规划文件。其中包括：①独立粮食规划（又称"总体规划"或"蓝图"）；②单一问题粮食规划（关注市场、城市农业等某个领域）；③将粮食问题纳入部门或市政部门专属计划；④纳入本市的综合城市发展规划。确定合适的规划方式取决于：与参与该过程的利益方相关的各种因素、具体的目标和计划使用、粮食部门参与城市规划的历史沿革。了解不同的城市规划之间的联系、规划的建立过程，对促进城市粮食体系的工作而言意义重大。

综合城市发展规划是具有法律意义的主导型政策文件和工具，为社区的未来发展提供路线图。

可持续性规划（一种战略性规划）是一种新兴创新型政策工具，通常并非由国家法律强制要求制定。这一规划具有更高的灵活性，能够根据新出现的粮食问题而动态调整。

独立粮食规划由城市或城市民间组织发起的粮食运动制定，能有效为城市粮食部门和粮食体系提供系统性意见，还能鉴别机遇和制约因素。然而，这种规划可能过于庞大，为谋求广度而舍弃深度，也有可能难以运作和实施。一些人会认为，粮食体系过于复杂，不能在单个规划中窥其全貌（Cabannes and Marocchino，2018）。

**受关注领域的贡献**

城市对循环经济的关注，有助于粮食体系促进回收、再利用和可持续废物处理。

基多每日产生大约 2 000 吨垃圾，其中 57% 是未经处理的有机废物，每日有 100 吨适合人类食用却被浪费掉的粮食成为垃圾。

基多环境部制定了减少倾倒填埋垃圾数量的项目，每天将 80 吨来自市场、集市和各平台的有机废料制成堆肥。此外，一家私人食物银行每周向

市场和超市回收 5~7 吨食品，分配给弱势社区的居民，其中 78% 为蔬菜
（Rikolto，2018）。

- 例如，首尔有效利用独立粮食部门制定粮食总体规划。这一总体规划帮助首尔形成更全面的粮食愿景和计划，已超出这座城市及其领导层对粮食安全和免费校餐的传统关注层面。

- 对于基多而言，一方面，其粮食规划过程受到民间组织的支持。民间组织通过多方利益相关者平台《基多农产品条约》（PAQ）的提议进行动员，该条约的内容包括当地政府正在考量的《粮食政策和行动计划》草案。《基多农产品条约》筹备和核准了市政府签署后公示的粮食章程。另一方面，基多的规划过程得益于将粮食纳入《2040 年愿景》《粮食体系韧性战略》《基多大都会区发展和监管规划（2015—2025 年）》《基多农产品战略》等城市规划工具。《基多农产品战略》旨在解决粮食无保障、由饮食导致的疾病、营养不良、健康风险、环境与废物管理等问题。该《战略》通过支持当地粮食价值链和可持续农业来产生收益及创造就业机会，在农村和城市地区均促进了经济发展。

同样，直辖市则制定单一问题粮食规划，专门治理粮食体系某一方面的具体问题。中国的北京、上海和天津按照这些思路制定了粮食批发市场总体规划。

将粮食干预措施纳入各种市政部门规划是一种整合型规划方式，通过借鉴解决粮食问题的经验，规划、医疗、住房与交通等部门可以采取相关措施解决各自难题。

例如市交通运输部门可以将粮食体系编入交通规划（包括交通战略性规划升级），并将通过交通助力当地粮食获取纳入规划目标（如规划自行车和行人设施以改善前往食品店的通道），从而确保交通运输规划支持粮食获取。由此可见，培养规划和运输人员将粮食体系观念有效融入工作的能力十分重要，因为土地利用规划者和交通运输规划者在粮食体系方面通常没有经验。

将粮食问题纳入城市综合发展规划往往范围有限，一般集中于市政府和城市规划者已经达成共识的领域。作为城市首要的规划文件，这些城市综合发展规划是衡量市政府年度预算和资助明细的主要工具。因此，北美洲国家普遍认为，包含粮食议题的综合规划比独立的粮食规划更有可能获得成功（Mui 等，2018）。这些综合规划使得粮食部门能全方位地将粮食干预措施纳入总体城市规划（Sonnino，2017）。它们后续的发展往往与辖区层面的土地利用规划和区划条例相关联。

- 在曼谷，直接关系到粮食体系推广的技术和法律规划文件包括《1975

年城市规划法案》《1982 年土地发展法案》以及《2013 年曼谷综合规划》。此外，曼谷还制定了"四年战略计划"，由曼谷大都会议会和辖区行政官员负责实施。城市官员和民间组织也从粮食角度出发帮助制定《环境质量管理计划》《全球变暖缓解行动计划》和《绿色空间行动计划》（Boossabong，2018）。

• 在内罗毕，粮食议题在近几年才被考虑纳入《2014—2030 年内罗毕综合城市发展总体规划》。该规划的制定旨在提供指导框架，用于 2014—2030 年内罗毕所有的城市发展部门，进而实现肯尼亚《2030 年愿景》中设定的国家目标。

综合性城市发展规划和城市可持续规划均能影响某些低层级规划的制定和实施，两者理应相互补充。在巴尔的摩，可持续发展计划对几项旨在解决粮食获取问题的其他规划产生了影响，这些规划包括区域交通运输规划和城市综合发展规划。巴尔的摩"紧急粮食工作组"也为本市的《紧急行动计划》制定了正式的粮食协议。这项工作由粮食体系韧性规划员负责。规划员作为粮食问题紧急响应的联络员，向粮食政策主任和紧急行动中心的人员汇报工作。

在许多规划背景中，土地利用规划和区划条例直接或间接涵盖粮食体系问题，而这通常建立于城市发展规划基础之上。土地利用规划和区划条例可能有助于解决与城市和城郊农业、自然资源和生态保护、经济发展、公园设施和娱乐消遣等相关的各种问题。

一些规划旨在解决地理范围明确的难题，如沿海规划、环境规划等，这与具体的国家、地区或大都市规划无关（Rapp，2017）。

还有一些情况下，一些城市即便尚未形成粮食体系规划，但却已经开始制定影响城市粮食议题未来轨迹的政策。非洲南部国家的专家认为，非洲城市当前在缺乏粮食体系规划的情况下进行粮食体系转型，是为了制定实现城市其他目标的政策。例如城市规划和区划政策促进现代粮食零售和商场发展，同时取代了许多城市贫民依赖的非正式粮食零售商（Battersby，2017）。若想进一步了解规划过程，请参阅"附录 1 规划"。

### 3.2.3 人力资源

在多数国家，缺乏制定及实施粮食政策规划的熟练员工和技术知识成为一大制度能力难题。国家、州（省）级和地方层面应提供人力资源支持（如技术协助、建议、培训、资讯分享），从而加强城市粮食制度建设。这种人力资源渠道对城市主导型模式至关重要。在城市主导型模式中，参与者对地方政府流程和制度的了解具有重要意义。

解决人力需求的方式之一，是对技术专员进行制度化安排，例如增设粮食体系规划员、城市政策协调员和粮食政策主管等职位。这类人员在粮食体系和不同城市部门制定政策、规划和举措方面不可或缺。他们能通过调解冲突、促进合作和协同各粮食体系部门和政府机构，来帮助城市制定粮食体系计划。要实现良好的合作效果，粮食领域专业人士需要了解城市规划与发展过程，同时城市规划者也需要了解粮食体系相关的观点、挑战与机遇。例如南非的德班自治市建立了市政学习研究所，以加强当地政府的能力建设。自 2009 年以来，它已在战略规划、水源与卫生、固态垃圾管理和税收管理方面培训了 3 600 名地方政府的工作人员。该研究所推动合作和培养学习伙伴，与当地和世界高校、非洲研究机构以及国际发展机构合作，培训城市规划者如何解决非正式部门、土地利用规划、治理与粮食保障相关问题（Smit，2016）。

增加粮食领域从业人员数量，提高市政粮食部门调动融资和支付资金的能力，能够促进粮食体系的形成与发展。巴尔的摩认识到，粮食问题无法通过单个政府部门得到解决，因此任命了一名全职粮食政策主管，以便加强利益相关方的能力建设并促进跨部门协作。该职位设在巴尔的摩规划部可持续办公室。该办公室促进了市长、市政部门和多方利益相关者平台"巴尔的摩粮食政策倡议"的密切联系，并实现了对粮食问题的密切交流以及粮食议题的可持续性。

**发挥作用的人力资源**

1995 年，贝洛奥里藏特的市粮食供应机构——市粮食供应秘书处（SMAB），有固定工作人员 122 名，占市政工作人员总数的 0.6％。此外，它还雇用了 105 名合同工参与多个不同项目。到 1998 年，其固定工作人员增加至 135 名，另有 126 名合同工。在技术人员中，市粮食供应秘书处雇用了营养师、社会工作者、粮食技术员和经济学者。不同类型人员组成的综合团队，其总人数的增长促成了该体系的圆满成功。

### 3.2.4　财政资源

城市为粮食干预举措的实施提供多种来源资金，包括市政预算、国家和州（省）级拨款、慈善基金会和合作伙伴的捐款以及公共投资基金等。这些资金可用于为市政府人力资源职位提供薪资，支付项目运营成本和支持投资。城市融资策略因粮食体系治理模式（城市主导型、国家影响型或混合型）而异，并受城市规模和财富、国家宪法规定、法律和监管框架、更广泛的治理体系（例如联邦制、单一制）和权力下放程度的影响。财政资源的详情请参阅"附录 2　财政"。

### 3.2.5　多方利益相关者的参与

有效的多方利益相关者参与模式，为各城市不同参与者和利益群体提供了发表意见、建立联系和促进相互学习的机会。在某些情况下，受到政府支持且运作良好的多方利益相关者机构（如贝洛奥里藏特的粮食与营养安全委员会，简称 COMUSAN），能够通过避免重复、弥合各计划和利益方之间的差距，确保城市粮食政策与计划的连贯性。在城市现有制度有限的情况下，粮食活动家主要通过与新兴利益方合作或引领现行的基层粮食措施来"另谋出路"。在这种情况下，粮食活动家和相关利益方往往在政府正式参与粮食项目之前就已经"率先登场"。在部分情况下，私营部门的利益方会参与到正式的利益方接触机制中，例如参加粮食政策委员会会议。他们（例如基多的工业联盟）倾向于说服决策者追求利益最大化或预防潜在损失。

建立多方机制并没有唯一或所谓"正确"的方式。在案例研究中，我们可见如下例证：①促进当地政府参与粮食项目并实现粮食体系制度化的多方利益相关者团队；②动员利益相关方参与特定活动或议题、持续参与实施过程的（市或地方）政府。并非所有的参与方式都是正式的；很多时候，非正式参与会演变成正式协商。此外，作为利益相关方参与粮食体系的团队类型也不尽相同，可能包括非正式粮食部门、商业联盟、粮食零售商、粮食运输商、餐馆等。

除了非正式渠道形成的短期咨询伙伴关系外，使用正式、综合的方式建立城市粮食体系干预措施，需要有能力的市政府和成熟的治理机构同不同类型的参与者进行持续交流。市政府可以组建一个专门负责城市粮食体系治理的委员会，该委员会可独立运作但依旧与市政府密切协作（例如通过市长办公室和其他部门）。这种正式的多方利益相关者治理过程（如巴尔的摩的"巴尔的摩粮食政策倡议"）能更好地获取市政府的资源和支持。此外，合作过程的成果（如政策）更有可能被立法机关批准并实施。

多方利益相关者参与机制可能包括：

• 粮食政策委员会。北美洲有许多粮食政策委员会，它们往往与国家、地区或地方级政府保持正式关系。它们形式繁多、目的各异，主要取决于当地环境和创始人的意图。它们通常存在运行资源不足、鲜有人员支持的问题。尽管困难重重，这些粮食政策委员会已经在社区中采取了一系列行动。其中包括各种研究与分析、社区教育、政策倡议、以粮食体系为核心的社区发展以及粮食相关服务。部分更加活跃的粮食政策委员会领导了社区粮食安全条款的制定，并将这些条款纳入州和联邦农业政策（Bassarab 等，2018）。例如巴尔的摩建立了 60 个利益相关组织构成的粮食政策顾问委员会（Food PAC，巴尔的摩版的粮食政策委员会），作为"巴尔的摩粮食政策倡议"（BFPI）的核心支柱。该粮食政策顾问委员会从事与营养、饥饿、粮食获取、学校、园艺、可持续性和城市农业相关的当地项目。除了定期的非正式交流外，该团队每年举行六次会议，为粮食政策主管革故鼎新、提出政策问题和困难，以便"巴尔的摩粮食政策倡议"和市政府了解各个问题、倾听解决这些问题的策略和建议。巴尔的摩还成立了由16名成员组成的居民粮食公平顾问组。这些顾问作为社区联络人，把公民的呼吁和经历融入当地决策。此外，部分辖区还成立了区域性的粮食政策委员会（例如2020年成立的普吉特湾区域委员会），而不是以城市为基础的粮食政策委员会。这对于建立城市—区域联系至关重要。区域粮食政策委员会有利于支持区域粮食体系，尤其是在有众多农场为城市居民提供粮食的地区。这种区域计划能保护区域耕地并实现粮食自给自足。

• 市政府引导而多方利益相关者参与的网络或伙伴关系。这是另一种协调多个利益方更好地响应粮食体系新问题的方式，例如作为公共、私营部门和民间组织治理顾问机构的首尔市民粮食委员会；利马城市和城郊农业的市政引导型主流粮食政策与平台；以及贝洛奥里藏特的多方顾问委员会"粮食与营养安全委员会"。

• 城乡多方利益相关者参与平台。部分多方利益相关者平台涉及城市和乡村两方面的参与者，尤其是在致力于加强城乡联系的城市。例如基多建立了一个多方利益相关者平台，其中包含20多个公共机构（市政府、省政府和国家政府）、若干个民间组织（如消费者团体、餐馆主厨、有机生产者）、学术团体、私营部门团体和协会。该平台为乡村地区参与者参与影响城乡的决策过程提供了渠道。

### 3.2.6 生成作为依据的数据

为达成政策或计划共识而生成分析性依据，并让这种依据体现决策者、私营部门和民间组织的关注重点，有助于获得支持并真正解决农产品问题。现实的情况是，往往数据存在，但分散于各机构的门户网站，且没有统一归纳；或数据过载，没有能力分析数据并以易于理解的方式呈现。城市层面缺乏有效可靠的基准数据，阻碍着城市参与解决粮食问题。其结果是，城市对农产品体系的许多基本构成要素理解和了解不到位（例如对消费者饮食的了解）（Ola，2015）。上述问题以及缺乏优质数据，要求城市和利益相关方别开生面地运用多重数据收集技术，为决策提供有用信息。

获取地方数据分析情况很重要，因为政策和规划往往具有时限性，城市通常无法等集齐和分析所有依据再进行决策。在许多情况下，高校、研究机构和智库会动用自己的资金进行分析。在这种情况下，市政府决策者和独立分析师需要在此期间进行定期交流互动。

在收集数据方面，城市通常需要具有创造性。例如：

• 二手和公开的信息帮助界定了麦德林的城市粮食体系。在直接观察和分析的基础上，这些信息得到安蒂奥基亚省官员和研讨会、市长办公室以及地区自治部门的验证。

• 多伦多粮食战略团队利用多伦多市卫生局数据库做粮食检测，分析粮食获取问题。该团队还在本市粮食检测草案中增添了新鲜果蔬销售相关内容（Emmanuel，2019）。此外，该团队还利用了资产和土地测绘呈现规划过程。

• 在巴尔的摩，粮食环境测绘被作为一种政策工具使用。一些城市通过成立社区联盟说服市政府采取行动，由此处理粮食获取问题。而巴尔的摩和约翰·霍普金斯大学宜居未来中心、"巴尔的摩粮食政策倡议"合作开发了粮食获取的数据收集法，并绘制了本市粮食环境地图（Misiaszek 等，2018）。此次成功合作开发了粮食环境测绘工具，而测绘工具又带来了新粮食政策并增加了城市拨款。宜居未来中心通过机构合作与原始采集，从政府数据库收集到数据。这份测绘数据包含超市、食品库、农场位置以及粮食不安全地区人口占比等 175 个数据指标。

• 在贝洛奥里藏特规划按月基础配给的背景下，米纳斯吉拉斯联邦大学的研究人员和学生收集了粮价数据，帮助政府监测粮食市场中的竞争，并确保消费者能以较低价格购买粮食。在广播、电视、报刊和互联网中定期公布粮食价格，也有助于消费者鉴别粮食价格较低的市场。

因为没有充足的人力和财力资源收集必要信息、设立基准并跟踪进展，城市往往难以形成监测评估体系。为了避免重复工作并确定正确指标，城市可以利用现有的若干全球指标框架作为这项工作的切入点。

《米兰城市粮食政策公约》（MUFPP）为城市评估提供了综合指标框架。它强调六大维度，罗列了 42 项定量和定性指标：治理、可持续饮食与营养、社会与经济公平、粮食生产与城乡联系、粮食供应与配送、粮食损失与浪费（《米兰城市粮食政策公约》，2015）。无独有偶，世界银行与联合国粮农组织发布了一份相关报告，名为《城市粮食体系判断与指标框架：未来地理空间与大数据分析路线图》（世界银行、联合国粮农组织与国际都市农业基金会，2017）。

在获得并分析数据之后，利用数据依据制定决策和规划还需要理解市长与市议会、国家或省领导之间的关系，以及民间组织与私营部门参与者之间的关系、民间组织与不同政客之间的关系。鉴于政治经济形势影响粮食体系干预措施的制定与实施，因此在某些时候和某些情况下，政治意愿会凌驾于数据之上。数据有效性方面也存在信任问题。当对社区不信任或对市政府不满意时，数据收集与分析可能会被视为欺诈，这取决于数据收集与分析的主体。这种信任还取决于数据的政治框架或参与者之间的联系。因此，现有数据应在社区会议上深入人心，并获得更广泛民间组织的支持。

### ➡ 相关知识

在基多努力减少城市拥堵的背景下，一份关于交通和物流基建的市政研究结论显示：大部分粮食通过三条主要运输路线进入基多，而其中49%流向市场，23%在基多市内流通，"价高者得"（Jácome-Pólit 等，2018）。其他城市也在开展粮食运输研究，以查找潜在的粮食体系瓶颈并鉴别引发各种冲击（如洪水、风暴潮）的漏洞。

\* 以上内容来自数据分析结果。

数据收集与分析提供了公共、私营部门和民间组织参与者制定粮食政策与规划采用的依据。决策的制定通常需要各城市选区在以下方面就数据与依据的理解达成共识：粮食问题的具体性质或政策方案选择。参与者对数据与依据达成共识，有助于认同问题的症结所在、了解问题的状态以及制定大致的决策方案。决策过程还涉及不同利益和矛盾的大量交互，涉及在不同依据、政策提案当中寻求折衷，以及在公共论坛和社交媒体上常常以循循善诱之辞进行倡导和宣传。至少，从首尔、贝洛奥里藏特和上海这几座城市召集决策者来看，市政府和国家政府之间的共识至关重要（Roberts，2017）。未来，随着城市应对更具争议性的问题、完成不同的目标、制定国家级粮食政策，达成共识、生成数据和信息传达等将愈发重要。

### 3.2.7 推动政策的制定

成功的政策制定取决于三股力量的集合：第一股力量是明确的问题；第二股力量是具有可行计划的政策；第三股力量是政客愿意改变施政方针的政治环境（Kingdon，1984；Ridde，2009）。这些力量的集合往往需要一定的机遇，如建立共识、采取政策行动，以及社会不稳定局面的出现（Chappell，2009）。

决策是将观点和目的转变为可量化目标的过程，通过一系列干预措施得以实现。它涉及不同的机构、流程和参与者，会受到存在竞争关系的许多相关方和利益支配的影响。

各城市的决策过程存在差异。部分城市要求城市粮食利益相关方作为评估市政条例的顾问，方式包括听证会、工作组、粮食委员会。这种方式将利益团体的意见纳入制定过程，并致力于在相应政策中加强当地所有权。其他城市可能采取一种更具参与式的方式，与社区、利益方共同开展或制定政策，验证专业粮食政策提案，之后再进行批准。这种方式则有助于评估参与者利益，权衡利益的优势和多样性，确定潜在的政治风险，并在达成共识的基础上拟定政策。不管采用哪种方式，政策参与需要大量时间和财力资源。

与农业部门制定的许多国家层面农业政策相反，城市粮食政策实施范围更广、更多样化，由不同级别政府的多个部门制定和实施，涉及许多参与者。粮食体系问题往往涵盖多个行政和政治辖区，并非与城市分界线一致。政策的空间范围随着议题变化，可能是围绕城市开展，也可能跨越多个辖区、城郊和农村地区。随着城市扩大，跨辖区政策界线会变得越发复杂，导致市、县、区、城郊、乡村之间政策模糊、不透明。

城市也有机会和途径影响其他辖区的决策。例如巴尔的摩粮食团队积极倡导和游说，以促进对超市税收激励措施进行州级立法。此外，创新型城市行动还会影响国家规划的制定。这从贝洛奥里藏特的案例中可见一斑。

### 3.2.8 城市粮食规划的可持续性与脆弱性

有助于实现城市粮食规划可持续性的因素可归纳为如下几类：

受到强势型市长和议会持续支持的政治议程，以及在有效的部门间和机构间协作机制支持下各市政部门的合作。各类外部伙伴的参与形成了共同治理权，减少了对政客或行政机构的依赖，使得规划更容易持续实施（Rocha and Lessa，2009）。在许多国家，利益相关方广泛深入参与粮食规划，敦促市长和市议会应对与城市粮食规划相关的问题。这些问题包括提议、批准政策以及安排预算拨款等。规划实施的主导者和拥护者积极支持公共、私营部门和民间组织组成的合作联盟，这有助于将愿景转化为实际结果，将意图和期愿转化为行动与现实（世界银行，2015）。将粮食议题与其他城市职能相联系，与其他市政部门建立伙伴关系，吸引民间组织参与粮食规划，均有助于粮食规划取得成功。获得来自市长、市议会、民间组织或私营部门参与者的政治支持，也有助于各市政部门（如教育、交通运输、能源）制定粮食干预措施。部分情况下，在各个部门和机构长期聘用能够引导和协调干预措施的职员，对粮食体系治理效果明显。

品牌化与交流。对利益相关方和市民认可的内容进行有效品牌化并就此开展持续交流，有助于持续获取各种财力资源。关注粮食计划的"品牌化"有助于确立其合法性、打造该计划始终如一的形象。民众的普遍认识和相关的教育宣传活动是整个计划的关键组成部分，对于有效实施各类计划至关重要。

国家或国际认可度。认可度有利于不同层级政府部门形成良好政治意愿，有助于避免粮食计划的中断或废除。以贝洛奥里藏特为例：市粮食供应秘书处与多个伙伴合作，负责管理许多属于不同团体和机构的计划。贝洛奥里藏特市政府多次换届，但粮食规划并未受到影响。作为超过 25 年的成熟粮食规划，贝洛奥里藏特的经验表明，市、省和中央政府层面通过制定新立法或修正法案的方式持续参与政策制定、解决计划实施中的新问题。乡村和城市签订地区和国际协议或建立伙伴关系，以及受到各种国际论坛认可，均有助于提升认可度。贝洛奥里藏特、首尔和多伦多等城市的经验表明，认可并预测城市规划和成就，有助于吸引领导者和利益相关方参与粮食议题。当粮食计划为城市建立起良好的公共关系并引起国家、地区或国际关注时，各方就会支持和资助这些计划。

> **贝洛奥里藏特：政治变化引起的粮食规划脆弱性**
>
> 在向新市长过渡的过程中，贝洛奥里藏特的粮食规划经历了脆弱期。2015 年，作为一项节流措施，粮食与营养安全秘书处失去了作为独立部门的地位，成了社会政策部的附属部门。结果，尽管核心业务不变（规划发生了一些自然演变），粮食与营养安全秘书处的级别急转直下，失去了政治影响力。

尽管存在着这些因素，城市粮食规划的可持续性依旧可能受制于几种政治经济因素：部门之间的对抗（和权力争斗）；不同的政党联盟组建的政府拥有不同的政治议程；以及新上任的市长在政治、规划和财政优先事项方面持不同意见。在许多城市，设立粮食政策主管一职会促进政策实施。但反过来，由于这一职位与政治地位关系密切，也可能令粮食体系治理更容易受制于政府换届。同样，在实行城市主导型模式的城市，由于干预措施由多个市政部门分别实施，具体实施部门（或即将上任的市长）可能认为无需专门的粮食部门发挥协调作用，各部门的粮食干预措施即可有效满足粮食体系治理需求。还有些部门可能无法充分理解（或不重视）原有粮食计划的指导原则。因此，缺乏制度延续性可能威胁到预算的获得和治理能力的提升，减弱或彻底消除粮食规划的效果。

## 3.3 内容考量

世界各地的城市粮食规划在规划目标、优先事项和政策内容方面表现出诸多共性。其中包括但不限于案例城市中涉及的几个领域：公共粮食采购、城市和城郊农业、非正式粮食部门和小规模生产商参与、城乡关系和土地治理问题。

### 3.3.1 公共粮食采购

何时适合实施公共粮食采购计划？贯彻实用主义理念的市政府往往将干预

措施集中在需要解决的具体问题上。这些问题通常与市场、政府或治理失灵有关，涉及市政府认为需要进行公共干预的所有领域（Krugman and Wells，2006；Ledyard，2008）。而"公共粮食采购"则作为一种措施，有利于政府应对市场波动和治理失灵。许多干预措施关系到城区能否及如何获取安全实惠的营养食物。

许多城市认为，对城区粮食采购而言，学校、医院、军区、公共食堂和其他公共机构的公共粮食采购市场巨大（如贝洛奥里藏特和首尔的校餐），是检验能否提供安全、营养食物的重要场所。对采购标准、采购流程和餐食内容的修改，以及如何为采购计划寻求供应商，会对许多城市的粮食体系产生影响。

城市也可致力于改善健康食品优先区的营养状况，这些食品优先区的特征是"能获取和负担得起的营养食物是有限的"。行动计划的制定取决于问题的界定和成因。这些原因可能包括需求不足、市场失灵（例如因资讯缺乏或对零售商铺的限制引起）、失策引起的政府失灵（例如高税收或限制性条例）、部分治理失灵（例如非安全食品的健康检测实施不当）。"食物沼泽"的特征是街角商店充满不健康的过度加工食品。拟定"食物沼泽"问题可能带来又一波政策或规划机遇。

虽然许多城市加强了公共产品供应来解决粮食体系失灵问题，并关注粮食体系中的公共粮食采购渠道，但他们往往与私营部门进行合作。例如贝洛奥里藏特粮食安全计划联合私人食品供应商，按照议价向原本被直销网点忽视的城区出售营养食物。按照协议规定，私人食品公司可以在一周中的某个时段在更有利的中央地段经营。巴尔的摩用税收激励措施鼓励现代超市向无法获得新鲜果蔬的周边地区扩张。

### 3.3.2 城市和城郊农业（UPA）

城市和城郊农业几乎是每个城市粮食干预措施的核心内容，在当地粮食运动和民间组织计划中有着深厚渊源。在世界范围内，城市和城郊农业占城市20公里范围内所有耕地的40%，占总灌溉耕地的60%（Thebo 等，2014）。许多城市推动城市和城郊农业和当地粮食体系发展，努力创造就业岗位、改善当地经济、为消费者生产实惠营养的食品、制定公共粮食采购计划、扩展绿色基建，或为具备韧性的粮食体系提供多样化的粮食供应资源（Tefft 等，2017）。

整合城市和城郊农业。通过修订各种政策、规章和激励措施，向生产者和其他参与者提供服务，各城市将城市和城郊农业融入城市开发或部门计划。其使用的策略之一是：对最紧急问题（例如市中心畜牧）采用区划法规、许可或准则，实施渐进式干预措施，而其他（更有争议的）城市农业规章留待日后商议。这种策略可能在区划准则中留下漏洞，或导致许可过程更加复杂。另一种策略是采用城市和城郊农业与城市规划相结合的综合法，对区划和监管框架进行全面改革，改变陈旧、模糊或限制性的规章制度，为城市和城郊农业生产者提供清晰引导。采取这一策略的案例包括：①基多强调渐进式过程，首先通过项目积累经验，再制定政策，再将政策发展成全面规划；②首尔发展城市和城郊农业的方式是，动员 10 000 个民间粮食小组在社区层面参与实施城市农业规划，促进民间组织与首尔大都市政府进行广泛合作。

### 城市和城郊农业的益处

城市在粮食政策方面的经验彰显了城市和城郊农业带来的多方面益处。首先，城市和城郊农业可以成为实惠营养食物的重要来源，尤其是营养配餐和养生需要的新鲜果蔬。在整个亚洲，城市和城郊农业供应城市消费的大部分蔬菜，其中 90％ 为绿色多叶品种（Tefft 等，2017）。新兴的农艺和社会经济数据表明，在种植绿叶菜方面，温室中采用的水培种植系统、垂直系统和集装箱农场比传统农业生产效率分别高 11.6 倍、6.9 倍和 4.4 倍。通过这些方式种植蔬菜，耗水量仅为传统方式的 5％，生长时长缩至一半（Agrilyst，2017）。城市和城郊农业、城市林业、多功能绿化空间和绿色基建对城市生态体系和闭环体系中的粮食、水源和能源关系产生多重作用。例如：保护生态多样性、缓解城市热岛效应、开展雨水处理、减少农产品运输产生的废气排放、减少食物浪费、产生废物回收的正外部性（Clinton 等，2018；Zhu 等，2017；Daigger 等，2016；Rojas-Valencia 等，2011；DeZeeuw 等，2011；Golden，2013；艾伦·麦克阿瑟基金会，2019；Zhang 等，2010；Weber and Matthews，2008）。

区划与监管限制。城市采用各种监管工具来管理城市和城郊农业。区划及其他土地使用条例从多方面影响城市和城郊农业实践，包括影响其类型、形式、规模与位置。区划可能通过制约生产或商业活动等方式来限制城市和城郊农业。设立城市农业区划能保护现有的城市花园和农田免受未来住宅或商用开发的影响（重新区划除外）。将城市和城郊农业作为区划利用类型，实施得当的话，将有助于规范受许可的城市农业类型、高密度住宅区城市花园的规模限制、商业或工业区大型农田的规模限制等。许多城市别出心裁地通过区划将城市和城郊农业与涉及住房、教育、自然保护和生物多样性的多功能计划联系起来，同时还投资农艺公园或绿化带项目（国际都市农业基金会，2020）。

除了区划准则以外，还有其他规章、法令、许可、标准管理着与城市和城郊农业相关的众多问题，包括物理结构、水土安全检测、堆肥箱、噪声与异味、围墙、光照、保险、威胁与干扰的标志及防护。这类规章制度包括容积率、许可建材类型、与周围建筑的距离、消防规范、能源、屋顶荷载、高度限制等符合施工标准的建筑规范，会对新型种植系统（如屋顶种植、室内种植）产生影响。还有一些措施则与医疗、安全、审美规范或环境影响相关。

多样化支持与服务。城市与私营部门和民间组织共同提供多样化服务，支持城市和城郊农业，包括技术培训（例如有机生产）、生产资讯、信贷、投入、市场情报（例如食品需求）、营销、产品质量与认证、商业咨询服务。例如曼谷社区级区域管理办公室成立城市农业学习中心并开展培训课程，推广有机生产、建立市场，促进私营部门将闲置耕地出租给普通生产者。这座城市蓬勃发展的社会企业经营着环保市场、环保餐厅和生产者培训中心，有助于推广更加可持续的替代性粮食生产方式、打造更加可持续的粮食市场（Boossabong，2018）。上海则意识到采取多元激励措施鼓励生产者和粮食企业申请绿色有机食品认证许可的重要性。

威胁。除了需要多方面治理，城市和城郊农业未来的发展还受制于农艺与社会经济数据分析不足。这些数据与分析涉及各种生产体系、不同规模和环境下新技术的可行性和收益能力，既符合低投入生产者，又符合领先创新者。城市和城郊农业体系还受到城市扩张的威胁。到 2030 年，城市扩张会破坏1.8%～2.4%的全球耕地，这些耕地 80%集中分布在亚洲和非洲。其产能是国家均值的两倍以上，占 2000 年全球粮食产量的 3%～4%（Adelekan 等，2014）。此外，低密度城市通常建立在洪涝多发且环境敏感型的土地上，多被用于开发城市和城郊农业，同时还需要进行洪水管理。在这些城市，排水区水文条件受到植被损失、森林退化和土地后续利用、城市基建的影响（Bren d'Amour 等，2017）。

### 3.3.3 非正式部门与小规模生产者的参与

城市粮食体系中的生产者和参与者并非总是正式部门。制定城市粮食计划和政策时必须考虑到非正式部门。由于劳动者试图克服自己的弱势、通过集体行动施加政治影响，在非正式经济体中设立非正式粮食部门愈发常见。这些非正式粮食部门常采取供应商协会和非正式工会的形式，参与治理活动、集体谈判、抗议活动、游说工作、教育措施、政治运动、争端解决及结盟，以及发挥向成员提供经济支持、法律援助等具体作用（Kabeer 等，2013）。国际劳工组织（ILO）对非正式经济体中的这类粮食部门提供了有力支持（Orstom and Ahn，2017）。

政府普遍对非正式粮食部门的需求无动于衷或表示反对，这是一大挑战。

某些规章条例是针对粮食供应商和消费者的需求而制定的，并在某种程度上促进了非正式粮食部门向正式部门转变，但政府的目标未必如此，而是通过精心设计的制度和政策框架，辅以适当的有利环境（如立法、税收等），使非正式粮食部门的潜在利益最大化。

例如，在南非德班的整个城市发展历史过程中，当地政府对非正式部门的态度在压制、容忍和支持之间摇摆不定，并采取了非正式经济政策，力求促进企业发展并将非正式部门纳入城市发展规划（Skinner，2008）。这进一步凸显了包容性制度与合作在制定非正式部门规章制度中的重要性。

部分国家建立了独立的政府机构帮助并促进非正式粮食部门的发展，以便更好地实施各种支持性粮食计划。在南非，隶属于贸易与工业部的小型企业发展部门受托支持非正式中小微企业，其中也包括非正式交易商。1986 年，马来西亚吉隆坡市政府在"为市民与游客净化、优化、美化城市"的背景下成立了商贩部。该部门负责为商贩发放牌照，使他们更加便利地获取贷款，并为商贩提供卫生、商业和会计技能培训。吉隆坡市政府还鼓励商贩转移阵地，到大楼中的食品中心等人气场所进行销售。城市中非正式部门与小规模生产者的参与促使市政部门对商贩进行食品安全技术教育，为之提供新场地的洁净水源，引导食品安全更上一层楼（Sharit，2005）。

> 城市粮食体系中的生产者和粮食体系参与者并非总是正式部门。制定城市粮食计划和城市粮食政策时必须考虑到非正式部门。

### 3.3.4　城乡联动

许多城市意识到，实现目标、解决新出现和反复出现的农产品问题需要郊区和乡村的参与者一起采取行动，但这超越了城市的管辖范围。市政部门利用城乡综合粮食体系治理来处理粮食供应与生产、资源管理、市场与消费的关系，以及应对市中心与城郊之间的人流、物流与服务流动等问题（联合国粮农组织，2020）。多份国际议程如《可持续发展目标》《新城市议程》《联合国营养行动十年》《联合国气候变化框架公约》，将这些相关问题纳入城乡联动。2018 年，联合国人居署发表了《城乡联动促进区域一体化发展：纲领与行动框架》（联合国人居署，2019）。

城市致力于实现城乡联动的原因多种多样。通过丰富城区粮食供应的渠道，以寻求建立更具韧性的粮食体系。部分城市还加强了当地粮食体系建设，以提高营养食物的可获得性与可负担性，同时改善当地的民生与就业。市政部门还通过采购新鲜安全的营养食物来改善学校餐饮质量。通过跨辖区合作，市政部门还加强了对自然景观的管理，这类景观提供着食物、水源、土地、森林及各种生态产品和服务（图 3.3）。

| 巴尔的摩 | • 粮食安全<br>• 获取健康食品<br>• 城市农业 | 贝洛奥里藏特 | • 粮食安全<br>• 营养<br>• 城乡联动<br>• 城市农业 |
|---|---|---|---|
| 利马 | • 粮食安全<br>• 营养<br>• 城乡联动<br>• 城市农业 | 麦德林 | • 食品供应链效率<br>• 民生发展<br>• 粮食安全<br>• 城乡联动<br>• 城市农业 |
| 内罗毕 | • 食品供应链效率<br>• 民生发展<br>• 粮食安全<br>• 城乡联动<br>• 城市农业 | 首尔 | • 校餐<br>• 借助机构采购的城乡联动 |
| 基多 | • 城市农业<br>• 就业<br>• 粮食安全 | 上海 | • 食品安全<br>• 当地食品供应<br>• 创新<br>• 大数据<br>• 城市农业 |
| 多伦多 | • 粮食安全<br>• 获取健康食品<br>• 城市农业 | | |

图 3.3　案例研究城市的粮食计划干预领域

基多和麦德林等城市同大都市和周围省份的城镇政府合作，聚焦于土地综合利用、以市场为导向的粮食生产规划，以满足城市粮食供应链的多变需求。秘鲁宪法鼓励出台政策减少进口依赖、推动城乡平等。受此启发，厄瓜多尔皮钦查省政府将 45% 的相关职责转移给了基多大都市区（Dubbeling 等，2017）。麦德林建立的城市粮食体系则包含安蒂奥基亚省的 31 个自治市，占地 2 550 平方公里。

为了缓解工业用地与农业用地冲突，避免城市第二、第三产业开发与建设导致耕地流失，中国天津市政府制定了"三区交流"政策，其中包括示范工业园区、农业产业园区、农村居住社区。各种辅助措施确保了城郊和附近农村地区种植的粮食在供应中占主体地位。这些措施包括将土地使用权从农民转向合作社和企业、推广种子品种和耕作技术、增加生产蔬菜和畜牧产品的耕地面积并提升生产效率等（Cai 等，2011）。此外，政府还为农民提供了附近社区的公寓以及农业园、工业园的工作岗位。

贝洛奥里藏特市政府开展了几项规划，将生产者对获得更高收入的兴趣与消费者对获得实惠优质食品的需求相联系。"农村和粮食收成直供运动"项目用透明公开的过程，向农村生产者分配固定销售点，以便他们以低于其他市场销售点的价格出售果蔬和根茎块茎食品。贝洛奥里藏特市促进了农村生产者进入市场，在批发市场中进行批发和零售交易。通过"绿篮子"计划，贝洛奥里藏特市粮食供应秘书处作为媒介，联系医院、餐馆和其他机构中愿意向小规模农村生产者直接购买果蔬的客户。"校餐计划"同当地生产者和企业订立契约，采购营养餐谱所需的新鲜果蔬、谷物、肉蛋，大大降低了运输和配送成本。

2016 年 11 月，为了改善校餐品质、安全和营养状况，同时增加对当地可持续生产食品的需求，首尔市长发起倡议，与韩国 9 位州长签署了一份协议，推出了"城乡共同繁荣公共供餐"计划。该计划在 2017 年开始试点。2018 年，6 个首尔自治区同 6 个地方政府签订了"谅解备忘录"。2020 年，25 个首尔自治区均参与该计划。2018 年，首尔市长与韩国农业、食品和农村事务部部长签订"谅解备忘录"，在三个方面展开合作：①确保豆类与绿叶蔬菜供应稳定，为加工食品（如酱油、豆瓣酱、食用油）提供非转基因有机替代品；②为学校和公共供餐计划建立生态友好型农产品采购体系；③增强城乡交流、教育与经验分享。

## 3.3.5　土地治理问题

土地利用规划与区划是城市与城郊地区粮食干预中的重要城市规划手段。它们影响着粮食市场、粮食加工和农产品园区的用地。它们可以调整不健康食品的销售地点，为实施某种类型城市和城郊农业赋权。土地利用规划还被用于保护绿化区域和森林的生物多样性、洪水管理和其他生态系统服务功能（Clinton 等，2018）。由于土地利用规划对粮食干预而言相对陌生，以经验为根据的相关知识相当有限（Boossabong，2018）。实践表明，城市粮食体系的建立过程中会出现用地相关问题——例如土地产权问题，或是多用途区域可能出现的利益冲突问题。出于这些原因，制定城市粮食计划时需考虑土地利用规划。

虽然经常与城市规划交替使用，但土地利用规划一般是综合城市规划的一个要素，致力于规范和调节政府辖区内的土地利用和规范，以促进形成积极的社会环境并实现资源的高效利用。综合或战略性土地利用规划通过实施一系列广泛政策，指引当地政府辖区未来的土地利用和开发。区划条例和区划地图明确具体规则，让土地拥有者按照整体用地规划进行利用和开发，并符合联邦、州（省）级、区域和地方条例法规。根据每个地区房地产的目前和潜在用途，区划将城市或镇划分为有形区域。区划的总体思路为，某些土地用途彼此冲突应当划分为不同区域。

国家目标和策略影响着城市的纲领、战略性规划和具体区划。这种影响主要包括下列几种类型：有关国家部门将权力下放到市政部门；国家部门直接授权；市政府实施国家政策。例如：

· 权力下放至市政部门：内罗毕于 1927 年、1948 年、1973 年和 2014 年依次制定了不同的总体规划，其中 2014 年制定的总体规划为内罗毕 2014—2030 的发展提供了综合指导框架，用来支持肯尼亚《2030 年愿景》中明确的肯尼亚总体发展目标。肯尼亚 2011 年颁布的《市区和城市法》将城市和城郊农业看作总体城市规划的重要组成部分。2013 年，肯尼亚国家政府将农业与粮食保障职责转交给郡级政府。

· 国家部门直接授权：中国的一些市政府体现了国家在粮食体系用地政策方面向市政府的直接授权。在农业方面，中国国务院批准各省、县、区、市、镇（乡）待保护耕地数目的计划。《上海市城市总体规划》（2016—2035年）提出用财政和就业激励措施，在城市周围地区建造紧凑的农村居住地。

· 市政府实施国家政策：在麦德林，历经多年的冲突动荡后，第 388 号国家法律促使城市根据当地需求制定土地利用规划。

城市采用用地管制手段，按照下列六大主题促进了城市粮食干预措施的实施：

（1）防止农用地变为城市用地的规划与法规

（2）促进城市和城郊农业的用地法规

（3）促进粮食市场发展的用地法规

（4）促进环境服务和生物多样性的土地利用规划

（5）促进营养食物环境用地法规

（6）将农产品视角引入混合用途城市开发模式

详情参阅"附录 1　规划"。

## 3.4　计划集合

许多城市的粮食政策与粮食计划互为补充，旨在解决城市地区可能阻碍粮食干预效果的结构性粮食问题。计划与政策双管齐下，加上战略性投资，形成了以结果为导向的综合性方法。粮食干预措施以解决实际问题为重点，涉及多个领域的多个市政部门。城市会根据实际对这些领域进行排序，分清轻重缓急。

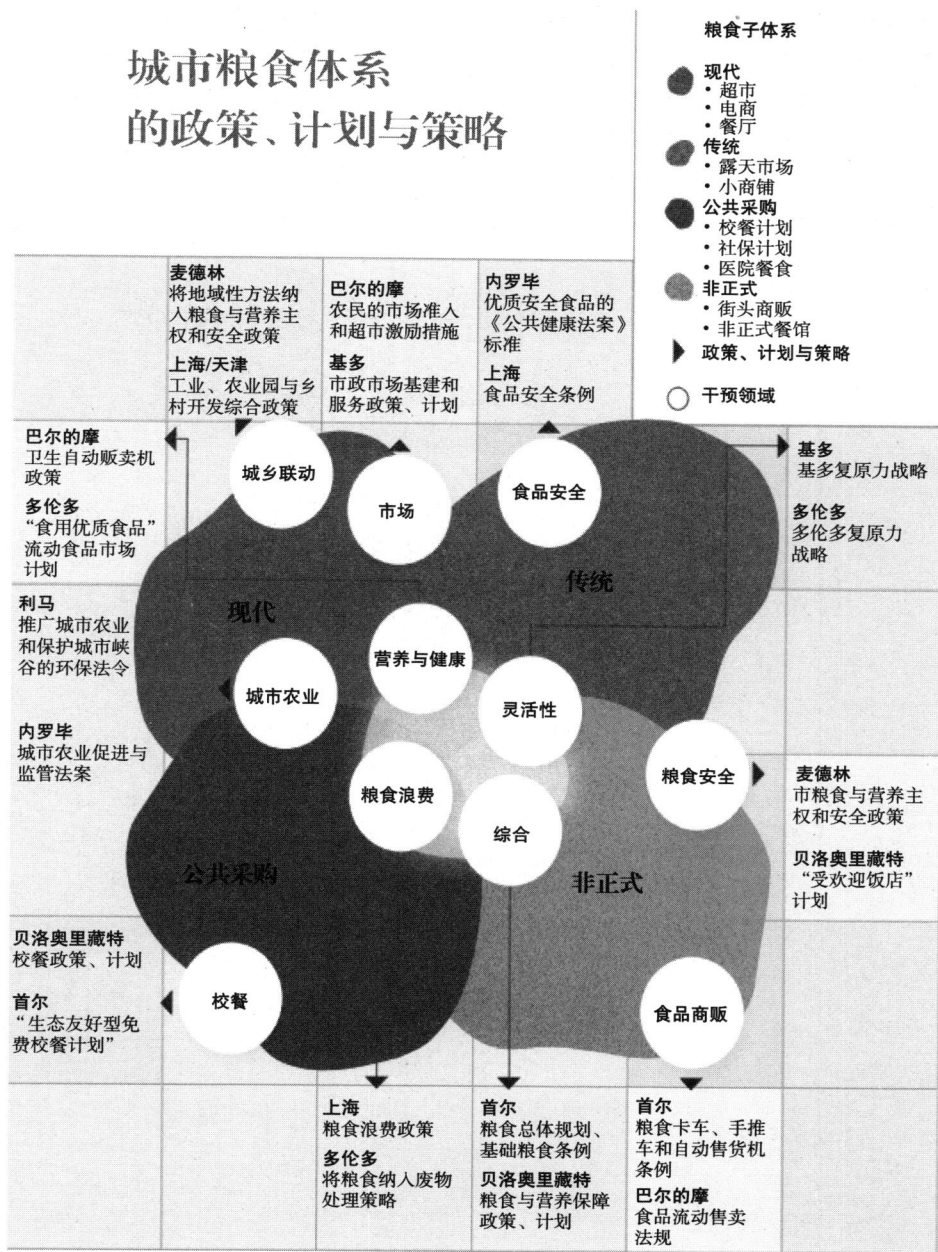

图 3.4 城市粮食体系的政策、计划与策略

　　值得一提的是，巴尔的摩采用了以结果为导向的综合性方法，通过制定政策和直接干预措施支持该城市可持续规划中重点发展的城市农业。在众多初见成效的城市计划中，强化教育和提升意识是对其他干预措施的有力补充。例如，在贝洛奥里藏特，教育是贯穿所有项目干预措施的主题，以助力维持计划的连贯性和可持续性。公共教育活动关乎营养、良好的饮食习惯以及食品安全，也关乎环境的可持续性与粮食安全。若想更直观地了解影响粮食体系政策、规划、条例及其他工具，请查阅图 2.1、图 3.4 与图 4.1。

# 4 / 治理模式的差异

制定何种类型的粮食政策、规划和计划来支持城市粮食体系的治理，某种程度上取决于采用何种治理模式。本章涵盖了城市主导型、国家影响型和混合型治理模式如何在政策、规划和计划方面发挥作用的示例，强调了治理模式之间的差异，同时以现有实例为基础，总结了相关重要经验（涵盖缺点和机遇）。本章还谈论了利益相关者的各种参与途径（图 4.1）。

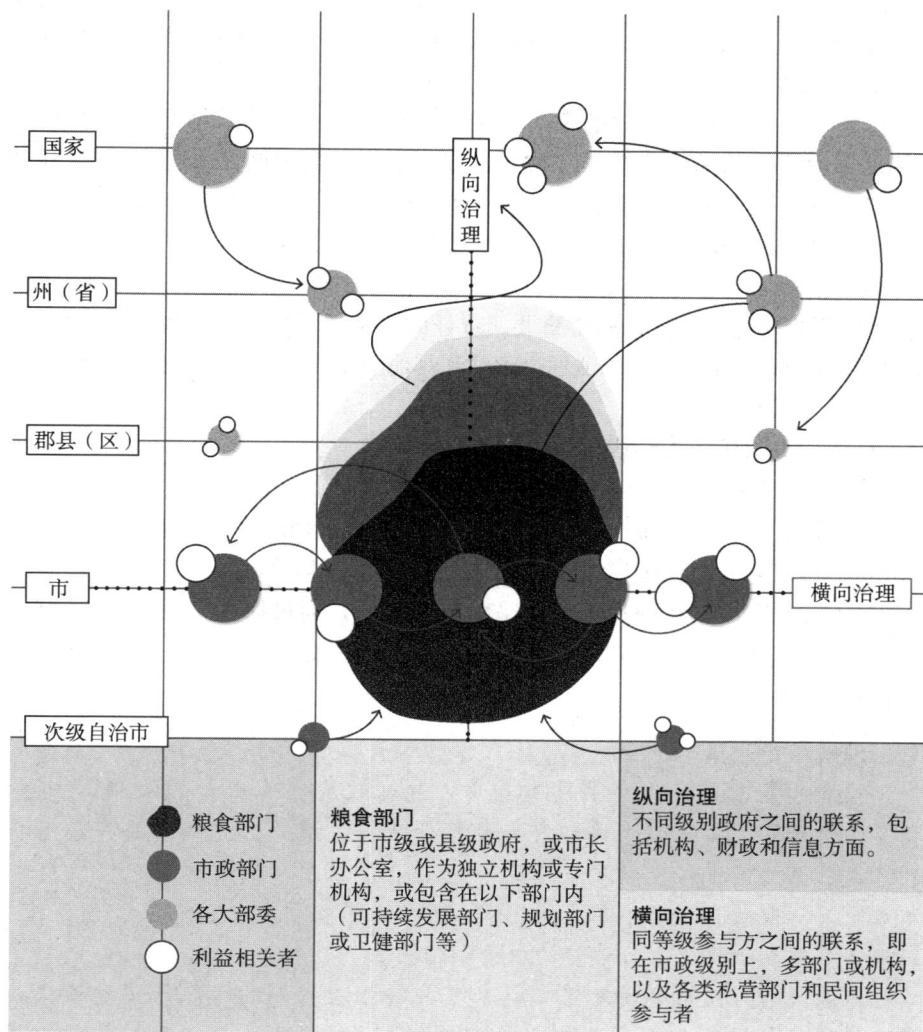

图 4.1　城市粮食体系的治理关系

要牢记，在政府、社会和粮食体系中，构建纵向和横向的伙伴关系以及有效的协作机制，对于取得积极的粮食体系治理成果至关重要。尤其，协作机制可以指导以下方面：制定和监督粮食政策、规划和计划的审议、协商及协作；提高参与者的积极性；缓和冲突。此外，本章还讨论了一些与多层次治理和有效治理相关的重要议题。

同样重要的是，要牢记两种主要治理结构：纵向治理和横向治理。纵向治理是指不同级别政府［国家、州（省）、大都市、普通城市和社区］之间的联系，包括各自的制度、财务和信息。横向治理是指同一级别参与者之间的联系，即城市不同部门和机构之间，或私营部门和民间组织之间的联系（MRSC，2020）。

了解一个国家权力下放的现状和实践，对于了解该国不同级别政府以及城市粮食部门运作的总体背景非常重要。权力下放会影响地方政府及其部门的权力、自主性、问责和能力等。了解权力下放的现状及纵向关系有助于深入了解城市粮食部门所采取的激励举措以及面临的挑战和机遇。

城市粮食部门通过与国家部委和省级部门加强协作来制定计划时，明确城市和其他级别政府之间的责任非常重要。责任的明确还可以增加获得财政资源的机会，如国家规划相关的融资，或通过评估和其他创新方式所获得的财政资源。

## 4.1　城市主导型模式

正如第二章所述，城市主导型模式通常包含民间组织的强力参与以及市政府和市长的高度关注。该模式通常在以下背景下得以实施：①国家干预较少；②强大的市政府。其实施流程往往是逐步演进的，通过抓住机遇，与不同的公共、私营部门和民间组织开展合作以取得显著的积极成果。这一模式通常以横向治理为标志。

---

**理解粮食政策**

粮食政策由正式的公共决策组成，包括政府实体出台的法律、法令、指导方针和官方声明，这些都将影响粮食生产、加工、分销、购买和保护的方式。虽然国家粮食和农业政策塑造了粮食体系，但州（省）级政府和市级政府、私营部门和民间组织正在审视他们在机构、区、县、州（省）级和国家层面上促进政策调整的权力和作用。

市级政府可使用多种政策工具来实施对粮食议题的干预，但政策工具的选择在很大程度上受国家的法律传统、治理程序以及具体政策目标的制约。尤其，政策行动和立法权限通常限于国家政府或省级政府法律框架所允许的范围。

　　市级政府可以制定及颁布法令或条例，使其成为市级立法的一部分；发布行政指令、决议或命令；修订有关许可和批准的规定；订立采购合同；法院判决；以及制定实践准则、指导方针和标准。

　　市级粮食政策也涉及多种政策工具和干预措施，其中包括：提供有关粮食政策议题的公共教育；加强各类相关宣传；在市、州（省）级或国家层面进行游说和支持立法；参与监管过程；支持其他机构或组织的政策；提供专家证明；形成联合组织或公共传播活动（Sherb 等，2012）。

**民间组织的力量**

　　城市粮食政策的实施经验突出了民间组织的巨大动员能力及其在提高当地参与者相关认知方面的显著投入。近年来，民间组织在社区层面形成有关城市粮食优先议题意见的能力得到显著提升。这种清晰的观点和对议题及计划的理解影响了诸多问题的产生。议题拟定的方式会对利益相关者和广大公众对议题的看法产生重大影响。民间组织及其领导力也在议题的拟定和推进方面发挥作用。议题的具体框架和"议题定义"也决定利益相关者是否会参与共识术语的联盟（Roberts，2017）。例如，在秘鲁首都利马，私营部门参与者不愿意支持与"健康"食品相关的政策措辞，但同意使用"营养"食品这一措辞。利益相关者的意见和偏好强度对于政治意愿的产生同样具有决定性作用（Charney，2009）。

**次市级政府治理：与社区的联系**

　　美国马里兰州巴尔的摩市聘请了 16 名常驻粮食公正顾问担任社区中心联络员，以帮助征求对城市粮食计划设计的意见和社区对实施城市粮食计划的反馈。他们还将市议会会议结果传达给社区居民（Freishtat，2019）。

## 4.1.1　政策类方法

　　机会主义方法，就是善于抓住机会修改现有政策或制定新举措以实现目标。当城市决定使用城市主导型模式加强实施新兴城市粮食计划时，机会主义方法将聚焦于市级粮食部门的政策制定工作。这种方法适用于解决粮食部门在发展早期阶段低水平机制能力和缺乏经验的问题。粮食部门可能会寻找容易实现的政策目标，同时努力在决策过程的各个阶段抓住机遇。

　　机会主义方法也可能适用于要求不高的流程（例如政策更新时）或更易于管理的举措，例如许可、批准、技术规范或采购等。机会主义方法所取得的早期成果将有助于在市政府和民间组织之间构建信誉，以解决具体的粮食问题。在管理和法律层面来理解未来决策的优先事项是这项工作的重要先决条件。机会主义方法的某些特征也可适用于其他方面。例如，巴尔的摩是有效使用这种方法的城市。为解决关键粮食问题，巴尔的摩一开始就努力超越传统粮食干预举措，特别是在解决难以获得营养食物所造成的影响方面。

市长发挥着许多重要作用，尤其是在城市主导型模式中。市长能够提出和实施政策筛选计划和决议，执行决议，管理预算和合同，并确保法律和职能的执行和管理。市长可能无法制定政策，但他们可以对政策流程和最终决策产生重大影响。他们提出预算，监督工作人员主导的研究并进行与拟议研究相关的分析，同时向市议会提出政策建议。他们还维系着与关键利益集团的关系，而市长任命的粮食部门负责人将影响参与政策流程的其他相关方（MRSC，2020）。

## 4.1.2 计划实施

机会主义方法。使用这种方法的前提是参与粮食议题的意识不断提高以及对城市新兴愿景和承诺的不断加强。为进一步支持粮食干预举措，使用这种方法还要扩大对这些举措的关注度。在协助收集证据、构建关系和建立信任时，这一方法可能会从较小举措着手且缓慢启动。对于新兴粮食计划，机会主义方法允许市政粮食部门的工作人员和利益相关者与其他部门人员进行沟通。实行机会主义方法取决于良好的合作伙伴和盟友。例如，虽然粮食议题从未成为应急计划的一部分，关注粮食体系韧性可以让农产品部门工作人员与应急管理部门进行对话（Toronto Medical Officer of Health，2017）。机会主义方法实施阶段通常为制定更全面计划提供重要基础。市政部门还可聚焦于监管、政策、行政审查和改革等方面的"速赢"。规划类政策的审查或起草为建立粮食体系原则提供了诸多机遇。

> 巴尔的摩因专注于能够催生"速赢"的举措而受到关注。巴尔的摩城市粮食部门以粮食视角来评估和确定符合城市新兴粮食愿景的行动。该市可能会寻求确定需要更新的各类政策工具，例如市政部门可以采取的许可或管理举措。城市粮食部门的专业人员也可能考虑采取那些使用更频繁或实施更迅速的举措，因为这些举措的批准过程相对较短且行政效率更高。若任务相对复杂且时间跨度长，下列举措可能不会包含在"速赢"之中：需要多方签署、广泛协商或听取意见、多个城市部门参与、进行长时间研究、持不同观点利益相关者之间进行复杂谈判或区划修订。

宣传和行动建设。在贝洛奥里藏特、内罗毕、基多、首尔和多伦多城市粮食体系发展早期阶段，宣传和行动建设产生了积极影响，也在粮食干预举措的设计、实施和问责方面发挥了重要作用（Clayton 等，2015）。宣传和行动建设还在制定市政议题和支持市长制定粮食议程方面发挥决定性作用。政治意愿不仅仅是政治领导人对粮食议题的兴趣和承诺的反映，通常还是民间组织通过政治参与强烈支持粮食议题并促使政治家采取行动的结果。

• 首尔在粮食议题上的实践是以民间组织的持续动员和积极行动为基础的。由于在早期就参与了粮食体系治理议题，民间组织在首尔城市粮食体系治理的全过程中一直非常活跃。许多组织的负责人在首尔市民粮食委员会中发挥了关键作用，对粮食政策和规划的实施产生了重大影响。

• 在多伦多，多伦多粮食政策委员会已为社区和利益相关者提供了 30 年的服务。他们很大程度上以城市粮食宣传为中心，聚焦于公平支持主要粮食倡议的组成部分，并促进知识向参与城市粮食互动的公共、私营部门和民间组织等利益相关者转移，与他们建立联系且向他们提供支持。

**聚焦横向治理**

正如在城市主导型模式中所看到的那样，需要在计划及政策的早期设计和实施阶段实行横向治理，并协调市政部门、私营部门和民间组织参与者来实施。协调的范围从共享粮食愿景和定义、各部门之间的信息交流到政府综合政策和战略的产生、解决方案的联合分析和周密制定、粮食计划的联合实施以及监测与评估的共享（Bourgault and Lapierre，2000；Peters，1998）。

国家政策可以为城市提供多种协调选择方案。市政府的高质量横向治理能力能让城市有效地实施国家计划。与社会服务、教育或医保等其他部门一样，市级粮食部门也可以监督、执行或服务于国家计划。前提是权力下放的法规和做法允许将这些责任分配给市政府，同时市政府具备必要的能力和有效的协调机制。例如，秘鲁国家粮食援助计划（PRONAA）通过其粮食补充计划得以实施，而该援助计划的实施权于 2009 年转移到市级政府。首尔粮食政策部门支持市长办公室动员首尔大都市政府（SMG）几乎所有部门和机构提供援助和预算支持，以实行首尔的免费校餐计划。

促进举措和创意孵化。某些城市粮食计划的主要作用之一是促进和支持公共、私营和民间组织等利益相关者可能发起的创意和行动。城市可以通过多种方式为此提供支持。例如，城市可以促进政策措施的规划和实施，无论是支持项目或计划行动还是作为一项独立的工作。如果能够获得资金，城市也会为此提供便利或考虑提供公共种子资金以推进相关行动。利用这种方法，城市可对利益相关者或优先议题的社区培训进行投资。城市还可以推动设计和实施应对特定问题或机遇的评估和分析，投资知识管理，以回应利益相关者利益或促进相关宣传和行动。

## 4.2 国家影响型模式

国家影响型模式在治理结构中是垂直的（分层的）。如第二章所述，对于根据国家指导来制定和实施粮食计划的市政府或县（郡）政府，或受权执行责任下沉的地方政府，国家影响型模式更能取得成效。在权力下放和向下授权背景下，这种模式通常受益于职能部门或中央政府的财政转移。

> **理解纵向治理**
>
> 理解不同级别政府的职能和权限分配以及自由裁量权程度非常重要。许多城市的这些机构并存于同一层级但职责不同，这涉及国家、州（省）和市政府的地方机构。例如，国家、州（省）和市政府的官员可能在城市负责营养和健康方面的工作，每个方面都可能涉及粮食。其中一些各级政府间关系或许可以追溯到各国最早的传统，但在权力下放过程中发生了重大变化。
>
> 纵向治理可能因以下因素而受到质疑：作用和责任的分配不明确、角色和资源之间的不匹配、各级政府间的政治不和谐以及各级政府的治理能力不同（Kerr 等，2000）。

### 4.2.1 政策类方法

大多数城市的粮食政策都受到国家级和州（省）级政策的影响，无论是通过政策调整还是直接通过适用实施国家或州（省）级法律法规。例如，利马和内罗毕近期的城市粮食计划以国家政策倡议为基础。上海的城市政策与国家政策存在明显一致性。尽管巴尔的摩没有遵循国家影响型模式（它是城市主导型模式），但仍然让市级政策与州级和联邦政策保持一致，并通过机会主义方法实施粮食政策。以巴尔的摩为例，"巴尔的摩粮食政策倡议"（BFPI）致力于制定影响巴尔的摩居民各个层面的粮食政策，从改变组织和机构内部的实践，到改变城市法规，再到倡导州级和联邦级的立法。

一项针对美国 250 多个粮食政策委员会（即一种多方利益相关者平台）的调查发现，成立时间较长（3 年以上）的委员会更倾向于推进联邦层面的政策制定，而成立时间较短的委员会则更倾向于制定自己的政策提议（Bassarab 等，2018）。

许多案例研究表明，城市粮食议程是在国家政府采取的各种战略、政策、计划和预算行动之后形成和扩大的。例如：

• 在内罗毕，肯尼亚颁布的《国家粮食与营养安全政策》《市区和城市法》《粮食安全法案》和《内罗毕郡农业促进和管理法》成为内罗毕郡政府设立农业、畜牧业和渔业部门的制度基础，而这些部门又是城市粮食体系的基础。

- 在贝洛奥里藏特，在巴西实行权力下放的背景下，联邦政府决定将具体政策实施或责任下放给市政府，促使该市加强参与城市粮食议题。

- 相比之下，国家权力下放和行政责任下放的力度不足导致了利马启动城市粮食议程的滞后。但秘鲁国家立法为利马加强对粮食议题的参与提供了框架和背景。《秘鲁国家粮食安全战略（2012—2021 年）》和《市政组织法（第27972 号法律）》赋予利马市政府在粮食议题上的更大权力和职能，为利马通过 2012 年促进城市农业第 1629 号法令奠定了基础。该法令也是利马环境管理、粮食安全、社会包容和地方经济发展的一项战略。

国家有关部门为各级政府之间对话和协调建立适当的正式和非正式机制，还大力参与城市和区域政策及计划的制定、实施和监督。国家政府还可以通过加强国家系统（例如审计办公室和采购系统）以及为冲突提供行政解决方案的独立法律机制来促进政府所有领域的公开性和透明度，并加强问责制和责任感。此外，在收集本地化数据以加强监测与评估方面（伦敦政治经济学院，2016），国家政府发挥着重要作用——在国家统计局的帮助下，与地方政府和地方利益相关者合作。例如：

- 巴西联邦政府发起了"零饥饿"以及成立了国家粮食与营养安全委员会，这为贝洛奥里藏特在 1993 年的初步努力提供了支持。2006 年，根据《国家粮食与营养安全法》，巴西制定了《国家粮食与营养安全政策》。巴西致力于粮食与营养安全的跨部门协作以及社会参与政策和计划的制定、实施和监督，这种远见卓识为巴西建立"国家粮食与营养安全体系"（SISAN）提供了指导。

- 为实施《国家粮食与营养安全政策》（NFSNP）和《粮食安全法案》，在肯尼亚粮食安全局的领导下，肯尼亚成立了县级粮食安全委员会来协调地方政府的行动以及跨机构与利益相关者之间的合作。

在国家粮食政策制定方面，有限的经验强调了以下观点，这些观点与城市案例研究所得到的见解相吻合：

- 超部级制度模式以跨政府特别工作组或参与者为基础，可能最适合用于支持综合粮食战略或政策框架的制定过程。巴西国家粮食与营养安全委员会、英国内阁粮食分支委员会和荷兰可持续粮食联盟的经验可能有助于深入了解制度协调所面临的挑战，而这些制度协调是为了整合政策建议。既得利益部门可能会发现难以管理公平的竞争环境，也难以对所有公共部门、民间组织、私营部门代表和各级政府确保开放透明的流程（Sustainable Development Commission，2011；Government of the Netherlands，2020；Rocha，2018；Leão and Maluf，2012）。

- 制度性支持需要谨慎透明地管理问题流、证据和政策流以及相关议题的拟定过程。

- 为弥合分歧和加强以共同愿景为中心的团结，建立跨部门和相关议题的广泛联盟至关重要。参与者必须经常走出部门舒适区，建立必要的政治联盟，以支持综合政策。缺乏知识和经验可能会限制民间组织的有效政治参与，特别是在游说以及与高级政府官员进行幕后合作方面。
- 政治对话可以在报纸和社交媒体上进行，也可以在议会和司法领域展开，有时候是以不公开的形式进行。精明的沟通很重要。
- 个性鲜明的全国知名人物可以在推进粮食议程方面发挥决定性作用。
- 利用相关部门政策流程和其他与政策相关的"机会之窗"可以帮助扩大政策范围，以实现更广泛的粮食体系目标。
- 政治领导层能随着新的领导思想和优先事项迅速作出改变。

值得关注的是，许多观点都强调，粮食政策的制定更多是通过国家农业部门以外的参与者来推动的。然而，如果想让城市粮食体系治理得到明显改善，特别是在更倾向于使用国家影响型治理模式的国家，国家部委级的有力和积极支持是很必要的。

**大都市治理**

由多个城镇组成的大都市地区，其治理模式因国家而异，并呈现出不同的形式和功能。第一，各个城市可能相对自治，彼此之间的协调很少且都是自愿性质的。第二，一些城市的组成是混合型的，由许多半自治的地方自治市和政府组织构成，作为一个大都市共同运作。大都市的每个部分都负责某些职能，其中一些部分隶属于地区、州（省）级或国家政府机构的管辖范围。第三，中央政府和国有企业可通过市政府（上海）的治理能力不同来指导城市的整体发展。第四，混合型治理模式赋予大都市政府相当大的职能权力和自治权（基多、阿比让）。各城市治理模式的差异在于是否设立正式粮食部门以及是否使用正式和非正式协调机制。协调机制不是静态的，会随着城镇化、新问题和政治考量而演变（联合国人居署，2008）。

## 4.2.2 计划实施

对利马、内罗毕和上海而言，国家政策、计划和融资对城市粮食体系的发展起到了重要作用。这些城市可以在粮食计划制定的早期阶段使用国家影响型模式，这一模式会随着城市能力的发展以及粮食干预举措的加强而演变。

以上海为例：政策决策权属于国家，但直辖市政府有变动和试验的空间。国家优先事项和五年计划为上海市政政策提供战略愿景和指导。市委（如上海市农业农村委员会）的技术官员可以起草政策，提交至上海市人大或其常委会批准，由市人大或其常委会监督实施和对标监测。市政府可以邀请学者、研究机构和智库来支持政策分析和设计，而工商协会和国有企业董事会可以提供投资。上海市委和市政府也可以成立领导小组，这是由精选的高级官员组成的非正式小组，为政策的起草和实施建言献策（Ahrens，2013；Kreab Gavin Anderson，2013；Miller，2008；Shanghai Municipal People's Congress，2010）。

另一个例子是肯尼亚，国家权力下放进程将粮食政策实施的责任下沉至内罗毕郡。郡农业官员负责设计和实施内罗毕城市粮食干预举措，并向国家部委报告，从而与国家部委计划相关联，为内罗毕获得财政资源。

# 4.3　混合型模式

混合型模式可能会结合纵向治理和横向治理，因为这一模式融合了城市主导型模式和国家影响型模式。正如第二章所讨论的，混合型模式将强大的市政部门和民间组织领导力与国家政策、计划规划和财政支持结合起来，并创立专门的市级粮食部门来主导大型综合计划的实施。

## 4.3.1　政策类方法

混合型模式的实施往往以国家支持的城市主导型模式（或总体规划方法）为载体。城市粮食计划的规划阶段和完成阶段的特点是，粮食部门在设计和实施干预举措方面获得了初步经验并形成了基本制度框架，使城市能在复杂的政治经济中灵活作为并达成积极成果。同时，粮食部门获得了所需的实践经验，有助于制定更全面和更综合的计划和政策。在许多情况下，除了巴尔的摩的"巴尔的摩粮食政策倡议"（BFPI）、首尔的"粮食总体计划"和温哥华的"粮食战略"等旗舰型倡议外，各城市粮食部门还监督城市综合粮食政策的制定和实施。

• 首尔 2017 年 9 月颁布了《首尔基本粮食条例》，这为其发展可持续粮食体系和实现所有公民粮食安全的愿景确立了政策框架。该条例由 35 条条款组成，涉及指导原则、市长和公民的职责、粮食总体规划和粮食章程的目标和作用、粮食政策顾问的职责、不同粮食委员会和分委员会的作用以及结果框架指标的参数。

• 巴西颁布的开创性《国家粮食与营养安全政策》使贝洛奥里藏特市开始参与粮食政策并创建了"粮食供应秘书处"（SMAB），这一部门是该市所有粮食相关政策和计划的中心。

## 4.3.2　发挥作用的政治因素

城市领导者可以行使政治权力以积极推进城市粮食议程。当他们利用权力阻止或妨碍城市粮食议程的推进时，例如当市长来自与国家领导人对立的政治势力时，会出现更具挑战性的状况。在"纵向分权"情况下，来自执政党的总统或国家权力行使者可通过各种行政、财政以及政治行动和策略来破坏来自反对派的市长的努力，以削弱既定规则、做法和权力结构。这些行动可能包括：咎责市长政绩不佳；剥夺市长权力或分化行政单位（市政）并由新任命的公职人员取代；阻止市长的倡议；推迟选举；减少市政府的自治权或免除责任；创建能被转移或被操纵的不明确或不透明行政责任；取消政府间转移支付或限制城市征税；延迟外部融资；将施政成果归为己有；转移或下沉新的责任（Resnick，2014，2015，2018）。相反，当市长的政治身份与国家执政党一致时，城市可能更容易从中央政府的财政转移和政治支持中受益（Panday，2006）。

· 自 2003 年以来，温哥华一直致力于支持公正和可持续的粮食体系，粮食体系相关倡议和基层社区的几十年发展为此建立了基础。2013 年 1 月，温哥华市议会通过了"温哥华粮食战略"，将所有城市粮食体系问题整合到单一框架内，包括粮食生产、加工、分销、获取和废物管理。其结果比独立的粮食政策的影响更深远，并与城市规划与发展的系统性方法更一致，这一方法旨在巩固社会、经济、环境和卫生健康方面取得的成果（City of Vancouver，2013）。

使用混合型模式的城市可成功将粮食政策整合到市政多个部门中。这种将粮食议题重新融合到其他政策议题的跨部门战略从以下方面受益：市政部门的干预能力、经验和措施组合，与不同目标群体的关系，以及可能获得部门共同筹资以成功实施政策和干预措施。这种战略还有助于加强有关城市粮食政策的共同话语建设。

市级卫生和可持续发展部门一直主导城市的粮食干预举措。卫生部门一直是许多城市粮食政策的主要合作伙伴和关键切入点，尤其是在以下这些城市：优先采取干预举措以解决难以获得实惠且有营养食物的城市，以及居民营养不良（例如肥胖）和饮食相关疾病（例如糖尿病）发病率上升的城市。粮食干预举措可能反映了公共卫生官员在从事卫生、安全和营养工作过程中对粮食问题的敏感性（Berg 等，2006；MacRae and Donahue，2013）。粮食部门与市级可持续发展部门的合作为粮食干预举措提供了多元化政策和规划切入点，还与城市更广泛的可持续发展议程保持一致。粮食体系通过扩大电动汽车"最后一英里"粮食配送或太阳能冷链来减少碳排放，这与绿色交通和可再生能源计划并行不悖。减少粮食浪费的举措与减少垃圾填埋场固体垃圾的可持续发展计划相一致。创新型城市和城郊农业干预措施有益于绿色基础设施和弹性生态系统的建设，还有助于可再生水资源和能源领域的发展以及建筑的绿色认证（例如屋顶）。

本节关于混合型模式的部分列举了一些城市案例。在这些案例中，各国针对城市和乡村粮食体系制定和批准了重要的国家政策。巴西和韩国在国家层面制定了城市主导型粮食政策。例如，韩国农业部通过了有关支持城市农业具体行动的立法。由巴西卫生部 2010 年制定的《国家粮食和营养安全政策》和"国家粮食与营养安全计划"旨在改善巴西人口的饮食、营养和健康，为国家政府和市政府实施广泛粮食政策和计划（巴西卫生部，2012）提供了权力下放的整体框架。然而，大多数国家尚未制定与城市粮食议题相关的或针对城市人口的具体的国家粮食政策。

随着城市粮食议题的扩大和粮食体系工作的加强，制定国家粮食政策是未来工作的优先事项。与权力下放政策一样，国家粮食和农业政策全面整合的新愿景为城市提供了更优质指导和政策，这将使大多数城市受益。这些粮食和农业政策需要具备城市粮食体系的系统性视角。

然而，这样的实例少之又少：国家粮食体系战略或政策具有整体性和系统性，涵盖整个粮食体系，取得了粮食政策成果（例如营养食物和可持续性），还包含粮食体系的相互关系、跨部门和跨政府的参与。

"威尔士粮食战略"（2010）就是遵循上述逻辑的一个实例。该战略旨在建立整个粮食体系的联系和能力，"整合不同的粮食政策（如营养、食品卫生和粮食生产），并将粮食政策与其他关键举措（如废物和能源消耗最小化、可持续旅游和交通）相关联"（Marsden 等，2000）。只有少数国家制定了整体粮食战略或政策（其中一些未能成功），包括澳大利亚、加拿大、爱尔兰、荷兰和英国（Andréea 等，2018；Buckton 等，2019；Carey 等，2015；Cullerton 等，2016；European Public Health Association，2017；Agriculture and Agri-Food Canada，2020；Kenny 等，2017；Parsons，2017）。最近，欧盟已朝着这个方向努力（De Schutter，2013）。

**实现跨司法管辖区的协调和支持**

混合型模式中的纵向治理可能需要对市级以下政府进行支持和监督，以便更好地实施粮食干预举措。市级粮食部门也可以支持各级政府制定和实施政策、计划和投资举措。例如，韩国首尔大都市政府（SMG）采用双向纵向治理，有效实施了"城乡共同繁荣公共膳食服务项目"。首尔大都市政府确保该项目符合国家政策和规划，确保得到国家政府的政治和财政支持。首尔大都市政府还与首尔 25 个自治区（即下级政府单位）建立伙伴关系。首尔大都市政府还与韩国农村地区的地方政府合作，直接采购粮食为儿童提供优质膳食。这种促进和协调将越来越重要，可将对地域性方法和未来城乡联系日益增长的关注转化为实际行动。

### 4.3.3  计划实施

使用混合型模式时，计划的实施通常以制定能产生明显政治成效或备受公众关注的综合型大型计划或政策为特征。贝洛奥里藏特、基多和首尔都在不同程度上遵循着这些路线，要么起步缓慢并逐步发展，要么利用来自国家、州（省）和市的资金来制定大型规划。

运行高效的市政机构和跨辖区机制加强了城市采取混合型模式的能力。一个可提供支持的多方利益相关者组织有助于促进城市遵循这一模式发展。相对完善的规划、政策和计划框架为城市解决与其计划相关的具体问题奠定了基础。在某些情况下，城市可能会利用不同来源的融资，从而打造更具弹性的金融基础。连任市长的持续性政治支持可以促进计划的可持续性。

• 贝洛奥里藏创新型粮食安全政策和计划源于 20 世纪 90 年代，由粮食与营养安全秘书处（SMASAN）负责管理，这些政策和计划促进了对粮食体系的整体思考。该政策和计划将粮食体系的所有方面、组成部分和目的整合到三个平行且相互关联的计划之下，避免以分门别类的方法解决以下问题：教育部门的"为饥饿学生提供食物"，或社会援助部门的"为亟需之人提供食物"，或商务部门的"为消费者提供食物"，或农业部门的"农民提供食物"。2004年巴西"零饥饿"战略出台后，贝洛奥里藏特与联邦政府进行合作，扩大了这一计划的实施范围（Rocha，2001）。

• 基多是另一个示范城市。该市将城市农业与食物权相结合，并将其发展成为旗舰型项目——"参与式城市农业计划"（AGRUPAR）。基多城区的 8 个行政区开展了这一项目，以加强粮食安全并促进粮食加工、获得小额信贷、微型企业管理和粮食营销。该项目动员地方和国家政府技术部门、大学、民间组织、私营部门和发展合作伙伴为其提供支持，帮助了 12 250 名农民以及 380 个社区组织（联合国粮农组织，2014）。

**重点治理：新出现的问题**

什么是跨辖区治理的新切入点？城市以及州（省）级和国家政府会针对粮食问题采用正式的纵向治理机制和结构，但这样的例子很少。随着各国制定系统性国家粮食体系战略和政策，以及随着城市地区开始更系统地解决城乡之间日益不固定和不明确的管辖权划分问题，正式纵向治理机制的相对缺乏将越来越受关注。快速城镇化的大都市面临的这种挑战最为严峻，尤其是那些以扩张和低密度城市开发为特征的城市周边和郊区。

然而，跨辖区协调需要在政治层面进行。即使市级政府具有某些政治资源优势，但由于现有机构数量庞大导致难以协调或监督，且可能存在管辖权的重叠（边界纠纷），市级政府可能面临更多困难。跨辖区协调的制度性激励受某些因素影响，包括是否涉及政府官员、政府机构或"特殊"机构，而每个机构的问责模式不同（Panday，2006）。迄今为止的不同结果表明，在世界许多地方，跨辖区协调是极少的（Farvacque-Vitkovic and Kopanyi，2014）。这归因于缺乏一种制度或机制的授权以促进跨辖区协调。政策激励、财政支持、项目连续性和政经支持等因素的缺乏使这一情况更复杂。

未来关于横向治理和纵向治理的工作可能会考量几个新出现的问题：①对于治理具有多个下属管辖区以及大型城市地区不断扩大的问题，由国家任命政府官员（例如阿比让、开罗、拉各斯）来治理大型城市群是否是更有效的方法？②加强中央集权与地方自治和主动性之间是否存在权衡？③一些城市考虑共享人力资源、机构和治理流程以及农产品干预机制（规划、协调和合作结构、促进职能和资源调动），这是否可行？这种选择可能最适合那些寻求扩大城乡关联或加深大小城市联系的城市；或与中心城市（即集合城市）或大都市的郊区合并的城市（联合国人居署，2008）。

国家影响型治理模式和城市主导型治理模式似乎是城镇启动粮食议题和规划最实用的可行选择。这些模式要么与国家政府的权力、资源和支持相关联，要么在可能的情况下以更灵活的方式通过市政部门来实施粮食干预举措。对于具有人力和财力资源优势的大城市，城市主导型模式可能是可行的，但对于资源较少的小城市来说可能不太现实。在这两种情况下，可能都需要缓慢发力且采取力度较小的举措，以找到高效解决方案。同时，还要收集证据、发展关系和建立信任。

# 5/ 结论

　　城市粮食体系的影响不仅限于粮食，其影响范围也不仅限于城市和城郊地区：其影响范围涉及地理（例如城郊的农村地区、城市规划）、部门（例如农业、卫生、教育、运输）和其他相关领域（例如食品安全、安保、营养）。城市粮食体系治理将人类营养与健康、粮食体系韧性、环境可持续性、包容性、创造就业机会和城市发展等问题结合在一起。随着新冠肺炎疫情等危机和人口老龄化趋势使城市粮食体系成为人们关注的焦点，了解粮食体系如何运作并寻求改善变得比以往任何时候都更加重要。

　　本书聚焦粮食体系和城市发展的一些最新经验。第一，城市粮食体系的有效治理需要多部门干预。城市粮食体系是影响民生、环境、健康和文化的生态体系。第二，城市经验表明，创新不仅仅是最前沿技术，它还涉及协助政府和利益相关方解决社会经济问题，以及提升人力资本的社会创新和体制创新。第三，案例研究强调了参与式方法以及民间组织和私营部门在治理过程中所展现的巨大价值和力量。例如，市政府和非正式粮食行业协会之间进行讨论，这是规划相关举措以改善大部分城市人口的生计和就业、减少贫困以及提升粮食安全的重要的第一步。第四，一些城市有效将系统性粮食体系视角与务实的问题解决方法相结合，这样有助于解决棘手的问题，例如改善人类营养和促进地球健康。

　　在全球发展背景下，不同的工作领域——无论是城市、农业、环境、水资源等——应考虑如何管理城市粮食体系的不同组成部分。通常，国家各部委中的独立部门在市级和次国家级治理层面更为一体化（尤其是在当前危机中）。本书突出了相关规划可以解决的问题的多样性，无论是现代化粮食批发和零售市场、制定"城市和城郊农业"计划、加强粮食安全体系，还是了解或形成消费者偏好和需求。例如，城市可以通过与粮食体系参与者合作以减少粮食浪费或解决粮食体系韧性计划的脆弱性，从而改善固体废物管理。他们可以促进对零排放粮食运输的投资，并要求非高峰期交付以减少拥堵和温室气体排放。他们还可以投资新的卫生和废物管理基础设施，其中包括闭环系统来处理灰水和固体废物，以用于"城市和城郊农业"。利用粮食体系视角构建行动框架，可阐明那些需要综合管理和跨部门协调行动的关注领域。对数据系统改进和粮食体系分析的投资必须完善运营工作，在计划设计和实施过程中使用快速判断和深度研究来生成信息。

　　治理必须包含与政府不同级别（纵向）部门和跨部门（横向）合作的方法，还需要强大的多方利益相关者的参与。决定如何采取行动将取决于所选的治理模式类型：纵向或横向；城市主导型、国家影响型或混合型。每种治理模式都对资源的获取（财务和人力）、利益相关者参与的程度和类型以及总体规划过程产生影响。如何促进和实现规划过程会影响既定计划、项目、计划或政策的整体可持续性。

> 宣传城市粮食体系对实现可持续发展目标的重要性，现在正当时。

国家层面的粮食议程主要由各部委和专门机构负责，而粮食在人口中心地带的本土生产、分配、消费和处理是地方政府的职权范围。有趣的是，迄今为止，城市粮食议程的大部分参与和政治动力都集中于城市和大都市层面：市长、市议会和民间组织。虽然市政府和区政府可能会继续主导城市粮食工作，但确定最适当的治理干预水平（城市、大都市、国家、地区、全球）仍将是决策者在解决城市粮食问题时面临的重要问题。这可以通过严肃的形势评估和体制评估来得以实现，以确定背景以及随后的城市粮食体系治理最可能的参与水平和模式（如第二章所述）。一旦决定了干预水平，管理不断演变的城市粮食政策空间将需要重大的制度转型、创造力和加强型赋能条件（如 TRANS-FORM 治理框架中的 T-FORM 赋能因素）。

本书中所引用的案例研究的城市，在不同程度上，成功建立了解决城市粮食问题的制度架构。这些城市在多个领域取得了成效：将粮食纳入市政议程；建立或强化市级粮食体系治理机构；推动选定主题领域的政策、计划和预算的制定和批准；建立利益相关者平台；跨部门和各级政府的协调；调动财政资源并将粮食议题纳入预算；与不同机构合作以获得独立的信息来源。除了达成这些制度性成就之外，这些制度框架还为各类城市受益者带来了实在的效果。

以本书为基础，近期成果和活动可能有助于在疫情大流行背景下构建城市粮食体系治理框架，以解决许多结构性粮食体系问题。与其他农业和更广泛的粮食体系相比，城市粮食体系的被孤立或被弱化情况应随着疫情大流行而停止。从粮食市场、粮食供应链和消费者粮食需求的变化中可以看出，市政府现在正与州（省）政府和国家政府机构和部委密切合作做出决策。这些是粮食体系治理和结构的巨大变化，或许为一个面临严峻气候挑战的世界呈现了下一阶段的快速考验。

关于城市粮食体系治理的工作是有益的，有助于为我们深入了解城镇化世界所面临的一系列新挑战，以及城市日益参与粮食体系所提供的机会。联合国粮农组织和世界银行将在提高城市粮食体系治理的知名度及其与经济发展、减贫、健康和粮食安全的联系方面发挥重要作用。这两大机构具有政治、构思和技术能力，可以在国家层面的经验基础上更进一步，支持各国政府加快建设有韧性和可持续的城市粮食体系。宣传城市粮食体系对实现可持续发展目标的重要性，现在正当时。

参考文献
## REFERENCES

**Adelekan, I. , Olajide-Taiwo, L. , Ayorinde, A. , Ajayi, D. & Babajide, S.** 2014. *Building Urban resilience*：*Assessing Urban and Peri-urban Agriculture in Ibadan*，*Nigeria*. Nairobi，Kenya，United Nations Environment Programme (UNEP). https：//wedocs. unep. org/bitstream/handle/20. 500. 11822/9387/-Building _ Urban _ Resilience _ Assessing _ Urban _ and _ Peri-urban _ Agriculture _ in _ Ibadan-2014UPA _ S. pdf? se-quence＝3&isAllowed＝y.

**Agriculture and Agri-Food Canada.** 2020. *Food Policy for Canada*：*everyone at the table*. *Government of Canada*. https：//www. canada. ca/content/dam/aafc-aac/documents/2020-0311-en. pdf.

**Agrilyst.** 2017. *State of indoor farming*. https：//artemisag. com/wp-content/uploads/2019/06/stateofindoorfarming-report-2017. pdf.

**Ahrens，N.** 2013. *China's industrial policymaking process*. Washington，DC，Center for Strategic and International Studies.

**Alcaldía de Medellín.** 2015. *Plan de seguridad alimentaria y nutricional del municipio de medellín* 20162028. Medellín，Colombia. (also available at https：//www. medellin. gov. co/irj/go/km/docs/pccdesign/SubportaldelCiudadano _ 2/PlandeDesarrollo _ 0 _ 15/InformacinGeneral/Shared％20Content/Documentos/instrumentos/ps/PLAN _ SEGURIDAD _ ALIMENTARIA _ 2016-2028. pdf).

**Anderson，K. G.** 2013. How policies are "Made in China." https：//facingchinadotme. files. wordpress. com/2013/06/policymaking-in-china. pdf.

**Andrée，P. , Coulas, M. & Ballamingie, P.** 2018. Governance recommendations from forty years of national food strategy development in Canada and beyond. *Canadian Food Studies/La Revue Canadienne Des Études Sur L'alimentation*，5 (3)：6-27. https：//doi. org/10. 15353/cfs-rcea. v5i3. 283.

**Angel, S. , Parent, J. , Civco, D. L. , Blei, A. & Potere, D.** 2011. The dimensions of global urban expansion：Estimates and projections for all countries，2000-2050. *Progress in Planning*，75 (2)：53-107. https：//doi. org/10. 1016/j. progress. 2011. 04. 001.

**Arboleda-Montoya L. , Zuleta-Ruiz, C. , Ochoa, A. , Matute-Campozano, M. , & Villa-Alcaráz, P.** 2013. *Cultura alimentaria en la zona urbana de la ciudad de Medellín*，*en cuanto a pautas*，*prácticas*，*creencias y signi fi-cados*. Medellín，Colombia，Universidad de

Antioquia.

**Baker, J. L.** 2017. *Philippines-urbanization review: fostering competitive, sustainable and inclusive cities (English).* Washington, DC, World Bank Group. http://documents. worldbank. org/curated/en/963 061 495 807 736 752/Philippines-Urbanization-review-foster-ing-competitive-sustainable-and-inclusive-cities.

**Baker, L. & de Zeeuw, H.** 2015. Urban food policies and programmes: an overview. In H. de Zeeuw & P. Drechsel, eds. *Cities and agriculture, developing resilient urban food systems,* pp. 26-55. New York, NY, Routledge. (also available at https://ruaf. org/assets/2019/11/Cit-ies-and-Agriculture. pdf).

**Baltimore Office of Sustainability.** 2013. *Homegrown Baltimore: grow local Baltimore city's urban agriculture plan.* Baltimore City Planning Commission. https://www. baltimore-sustainability. org/wp-content/uploads/2015/12/HGB-Grow-Local-Final-Cover-1. pdf.

**Baltimore Office of Sustainability.** 2020. Urban agriculture. In: *Baltimore Office of Sustainability* [online]. https://www. baltimoresustainability. org/projects/baltimore-food-poli-cy-initiative/homegrown-baltimore/urban-agriculture-2/.

**Bassarab, K., Santo, R. & Palmer, A.** 2018. *Food policy council report* 2018. Johns Hopkins Center for a Livable Future. https://assets. jhsph. edu/clf/mod _ clfResource/doc/ FPC%20Report% 202018-FINAL-4-1-19. pdf.

**Battersby, J.** 2017. Food system transformation in the absence of food system planning: the case of supermarket and shopping mall retail expansion in Cape Town, South Africa. *Built Environment* 43 (3): 417-430. https://doi. org/10. 2148/benv. 43. 3. 417.

**Berg, A. D., Ostry J. D. & Zettelmeyer J.** 2006. *What makes growth sustained?* Washington, D. C., International Monetary Fund. https://www. imf. org/External/NP/seminars/eng/ 2006/growth/jz2. pdf.

**Blay-Palmer, A., Santini, G., Dubbeling, M., Renting, H., Taguchi, M. & Giordano, T.** 2018. Validating the city region food system approach: enacting inclusive, transformational city region food systems. *Sustainability,* 10 (5): 1680. https://doi. org/10. 3390/su10051680.

**Boossabong, P.** 2018. Articulating public agencies, experts, corporations, civil society and the informal sector in planning food systems in Bangkok. In Y. Cabannes & C. Marocchino, eds. *Integrating Food Into Urban Planning,* pp. 60-79. London, UCL Press; Rome, FAO. (also available at http://www. fao. org/3/CA2 260EN/ca2 260en. pdf).

**Bourgault, J. & Lapierre, R.** 2000. Horizontality and public management: Final report to the Canadian Centre for Management Development, the Leadership Network, the Federal Regional Council-Quebec and the École Nationale D'administration Publique. *Canadian Centre for Management Development.* http://citeseerx. ist. psu. edu/viewdoc/download; jsessionid = 75696839072C568755A8BC7778C78A47? -doi = 10. 1. 1. 558. 5061&rep = repl& type＝pdf.

**Brazil Ministry of Health.** 2012. *Política Nacional de Alimentação e Nutrição.* Secretaria de Atenção à Saúde. Departamento de Atenção Básica. http：//189. 28. 128. 100/dab/docs/portaldab/publicacoes/pnan2011. pdf.

**Bren d'Amour, C. , Reitsma, F. , Baiocchi, G. , Barthel, S. , Güneralp, B. , Erb, K. - H. , Haberl, H. , Creutzig, F. & Seto, K. C.** 2017. Future urban land expansion and implications for global croplands. *Proceedings of the National Academy of Sciences (PNAS),* 114 (34)：8939-8944. https：//doi. org/10. 1073/pnas. 1606036114.

**Buckton, C. H. , Fergie, G. , Leifeld, P. & Hilton, S.** 2019. A discourse network analysis of UK newspaper coverage of the "sugar tax" debate before and after the announcement of the Soft Drinks Industry Levy. *BMC Public Health*, 19 (1)：490. https：//doi. org/10. 1186/s12889-019-6799-9.

**Cabannes, Y. & Marocchino C.** 2018. *Integrating food into urban planning.* London，UCL Press；Rome，FAO. http：//www. fao. org/3/CA2260EN/ca2260en. pdf.

**Cai, J. , Yang, Z. , Liu, S. , Liu, M. , Guo, H. & Du, S.** 2011. Urban agriculture development in Minhang，Shanghai. Urban Agriculture Magazine (25)：60-62. https：//ruaf. org/assets/2019/11/Urban-Agriculture-Magazine-no. -25-RUAF-10-years. pdf.

**Calancie, L. , Cooksey-Stowers, K. , Palmer, A. , Frost, N. , Calhoun, H. , Piner, A. & Webb, K.** 2018. Toward a community impact assessment for food policy councils：identifying potential impact domains. *Journal of Agriculture，Food Systems，and Community Development*, 8 (3)：123-136. https：//doi. org/10. 5304/jafscd. 2018. 083. 001.

**Carey, R. , Caraher, M. , Lawrence, M. , & Friel, S.** 2016. Opportunities and challenges in developing a whole-of-government national food and nutrition policy：Lessons from Australia's National Food Plan. *Public Health Nutrition*, 19 (1)：3-14. doi：10. 1017/S1368980015001834.

**Committee on World Food Security (CFS).** 2016. Addressing food security and nutrition in the context of changing rural-urban dynamics：experi-ences and effective policy approaches. OEWG on Urbanization and Rural Transformation. http：//www. csm4cfs. org/wp-content/uploads/2016/02/CFS _ Addressing _ FSN _ in _ the _ context _ of _ changing _ rur _ urb _ dynamics _ experience. pdf.

**Chappell, M. J.** 2009. *From food security to farm to formicidae：Belo Horizonte，Brazil's secretaria municipal de abastecimento and biodiversity in the fragmented Atlantic rainforest.* Department of Ecology & Evolution-ary Biology，The University of Michigan. (PhD dissertation) http：//hdl. handle. net/2027. 42/62417.

**Charney, C.** 2009. Political will：what is it? How is it measured? In：*Charney Research* [online]. http：//www. charneyresearch. com/resources/political-will-what-is-it-how-is-it-measured/.

**Chung, S. A. & Olson, P. J.** 2019. Korea：Food and Agricultural Import Regulations and Standards Report. pp. 34. FAIRS Annual Country Report No. KS1 854. USDA Foreign Agricultural Service. https：//apps. fas. usda. gov/newgainapi/api/report/downloadreportbyfilename？ filename＝Food％20and％20Agricultural％20Import％20Regulations％20and％20Standards％20Report _ Seoul _ Korea％20-％20Republic％20of _ 3-22-2019. pdf.

**City of Toronto.** 2012. Toronto By-laws and Municipal Code. In：*City of Toronto* ［online］. Toronto，Canada. https：//www. toronto. ca/legdocs/bylaws/law-home/about-bylaws-and-code. htm.

**City of Toronto.** 2020. Toronto Public Health. In：*City of Toronto* ［online］. Toronto，Canada. https：//www. toronto. ca/city-government/accountability-operations-customer-service/city-administration/city-managers-office/agencies-corporations/agencies/toronto-public-health/.

**City of Vancouver.** 2013. Vancouver Food Strategy：Building just and sustainable food systems. In：*City of Vancouver* ［online］. Vancouver，Canada. https：//vancouver. ca/people-programs/vancouvers-food-strategy. aspx.

**Clark，G.，Moonen，T. & Nunley J.** 2018. *Milan's competitiveness*. London，Urban Land Institute. https：//europe. uli. org/wp-content/uploads/sites/127/ULI-Documents/Milan-Study. pdf.

**Clayton，M. L.，Frattaroli，S.，Palmer，A. & Pollack K. M.** 2015. The role of partnerships in U. S. food policy council policy activities. *PLoS ONE*，10 （4）：e0122870. https：//doi. org/10. 1371/journal. pone. 0122870.

**Clinton，N.，Stuhlmacher，M.，Miles，A.，Uludere Aragon，N.，Wagner，M.，Georgescu，M.，Herwig，C. & Gong，P.** 2018. A global geospatial ecosystem services estimate of urban agriculture. *Earth's Future*，6 （1）：40-60. https：//doi. org/10. 1002/2017EF000536.

**Coelho，M. P.，de Magalhães，E. P.，Pompermayer，M. J. & Rocha，V. E.** 1996. *A política de abastecimento alimentar da prefeitura municipal de belo horizonte*. Rio de Janeiro，IUPERJ/CEURB/UFMG.

**Consejo Nacional de Política Económica y Social （CONPES）.** 2008. *Política de seguridad alimentaria y nutricional*. República de Colombia，Politica Nacional de Seguridad Alimentaria y Nutricional （PSAN）. https：//www. minsalud. gov. co/Documentos％20y％20Publicaciones/POL％C3％8DTICA％20NACIONAL％20DE％20SEGURIDAD％20ALIMENTARIA％20 Y％20NUTRICIONAL. pdf.

**Cullerton，K.，Donnet，T.，Lee，A. & Gallegos，D.** 2016. Exploring power and influence in nutrition policy in Australia：Power and influence in nutrition policy. *Obesity Reviews*，17 （12）：1218-1225. https：//doi. org/10. 1111/obr. 12459.

**Daigger，G.，Newell，J. P.，Love，N.，McClintock，N.，Gardiner，M.，Mohareb，E.，Horst，M.，Blesh，J.，Ramaswami，A.** 2016. *Scaling up agriculture in city-regions to mitigate FEW system impacts*. School of Natural Resources and Environment，Department of Civil and Environmental Engineering，University of Michigan. （PhD dissertation）.

**De Cunto，A.，Tegoni，C.，Sonnino，R.，Michel，C. & Lajili-Djalaï，F.** 2017. *Food in cities：study on innovation for a sustainable and healthy production，delivery，and*

70

*consumption of food in cities*. European Commission. （also available at https：//ec. euro-pa. eu/research/openvision/pdf/rise/food _ in _ cities. pdf）.

**De Schutter, O.** 2013. What is the impact of gender discrimination on the right to food? In：*Olivier De Schutter* [online]. http：//www. srfood. org/en/gender.

**De Zeeuw, H. , Van Veenhuizen, R. & Dubbeling, M.** 2011. The role of urban agriculture in building resilient cities in developing countries. *The Journal of Agricultural Science*，149 (S1)：153-163. https：//doi. org/10. 1017/S0021859610001279.

**Dubbeling, M. , Santini, G. , Renting, H. , Taguchi, M. , Lançon, L. , Zuluaga, J. , de Paoli, L. , Rodriguez, A. & Andino, V.** 2017. Assessing and planning sustainable city region food systems：insights from two Latin American cities. *Sustainability* 2017，9 (1455)；doi：10. 3390/su9081455.

**Economic Promotion Agency, CONQUITO & FAO.** 2020. How Quito's urban and peri-urban agriculture contributes to the COVID-19 response. *City Region Food System* （CRFS） *framework* （20152018）. （also available at http：//www. fao. org/in-action/food-for-cities-programme/news/detail/en/c/1274823/）.

**Ellen MacArthur Foundation.** 2019. Cities and circular economy for food. *Ellen MacArthur Foundation*. （also available at https：//www. ellenmacarthurfoundation. org/assets/down-loads/Cities-and-Circular-Economy-for-Food _ 280119. pdf）.

**Emmanuel, B.** 2019. Communication with Barbara Emmanuel from the Toronto City Food Policy.

**European Public Health Association (EUPHA).** 2017. Healthy and sustainable diets for Euro-pean countries. （also available at https：//eupha. org/repository/advocacy/EUPHA _ report _ on _ healthy _ and _ sustainable _ di-ets _ 20-05-2017. pdf）.

**FAO.** 2004. *Voluntary guidelines to support the progressive realization of the right to ade-quate food in the context of national food security*. Adopted by the 127th Session of the FAO Council November 2004. Rome. 48 pp. （also available at http：//www. fao. org/3/a-y7937e. pdf）.

**FAO.** 2014. *Growing greener cities in Latin America and the Caribbean*. Rome. 51 pp. （also available at http：//www. fao. org/3/a-i3696e. pdf）.

**FAO.** 2015. Quito：*Growing greener cities in Latin America and the Caribbean*. Rome. （also available at http：//www. fao. org/ag/agp/greenercities/en/GGCLAC/quito. html）.

**FAO.** 2016. Moving ahead in the city region food system of Medellin：creation of an inclusive food system governance body. In：*City Region Food Systems Program*，FAO. [online] http：//www. fao. org/in-action/food-for-cities-programme/news/detail/en/c/447315/.

**FAO.** 2016. *Sistemas de abastecimiento alimentario. Bases para la inclusión de la agricultura familiar*. Medellín，Colombia. 158 pp. http：//www. fao. org/3/a-i5239s. pdf.

**FAO.** 2017. *Food insecurity experience scale：Measuring food insecurity through people's experiences*. Rome. 6 pp. （also available at http：//www. fao. org/3/a-i7835e. pdf）.

**FAO.** 2018. Shanghai：A Ranking System for Food Safety. Milan Urban Food Policy Pact Category：Food Supply and Distribution. http：//www. milanurbanfoodpolicypact. org/wp-content/uploads/2018/07/Brief-39-Shanghai. pdf.

**FAO.** 2020. City Region Food System Toolkit. In：City *Region Food Systems Programme*. ［online］Rome. http：//www. fao. org/in-action/food-for-cities-programme/toolkit/introduction/en/.

**FAO & African Union（AU）.** 2020. *Measures for supporting domestic markets during the Covid-19 outbreak in Africa.* Rome，FAO. 6 pp.（also available at http：//www. fao. org/3/ca8636en/ca8636en. pdf）.

**Farvacque-Vitkovic, C. D. & Kopanyi, M. , eds.** 2014. *Municipal Finances：A Handbook for Local Governments.* The World Bank.（also available at http：//elibrary. worldbank. org/doi/book/10. 1596/978-0-8213-9830-2）.

**Fjeldstad, O. -H.** 2006. Local Revenue Mobilization in Urban Settings in Africa. *CMI-Chr. Michelsen Institute*（15）：28.（also available at https：//www. cmi. no/publications/file/2383-local-revenue-mobilizatio-n-in-urban-setttings-in. pdf）.

**The Food and Land Use Coalition（FOLU）.** 2019. *Growing better：ten critical transitions to transform food and land use.* p. 237. The Food and Land Use Coalition（FOLU）.（also available at https：//www. foodandlandusecoalition. org/wp-content/uploads/2019/09/FOLU-GrowingBetter-GlobalReport. pdf）.

**Food Drink Europe.** 2019. *Data & trends.* EU Food & Drink Industry.（also available at https://www. fooddrinkeurope. eu/uploads/publica-tions _ documents/FoodDrinkEurope _ Data _ Trends _ 2019. pdf）.

**Forster, T. , Santini, G. , Edwards, D. , Flanagan, K. & Taguchi, M.** 2015a. *Strengthening Urban Rural Linkages Through City Region Food Systems*. Paper for a joint UNCRD/UN Habitat issue of Regional Development Dialogue. p. 19. Urban-Rural Linkages in Support of the New Urban Agenda，18 November 2015.（also available at http：//www. fao. org/fileadmin/templates/agphome/documents/horticulture/crfs/Strengthening _ Urban _ Rural _ Linkages _ through _ CRFS. pdf）.

**Forster, T. , Egal, F. , Getz-Escudero, A. , Dubbeling, M. & Renting, H.** 2015b. *Milan urban food policy pact：Selected good practices from cities.* Fondazione Giangiacomo Feltrinelli, Italy. ［Cited 1 June 2017］. https：//www. researchgate. net/publication/305800300 _ Milan _ Urban _ Food _ Policy _ Pact _ Selected _ Good _ Practices _ from _ Cities.

**Freishtat, H.** 2019. *Baltimore Food Policy Initiative：A city committed to building an equitable and resilient urban food system* ［online］. City of Baltimore. https：//planning. baltimorecity. gov/sites/default/files/BFPI%20Org%20Structure%202019%207. 0. pdf.

**Fridman, J. & Lenters L.** 2013. Kitchen as food hub：adaptive food systems governance in the City of Toronto. *Local Environment*，18（5）：543-556. https：//www. kpu. ca/sites/default/files/Kitchen%20as%20food%20 hub%20adaptive%20food%20systems%20governance%20in%20 the%20City%20of%20Toronto. pdf.

Gao, Y. & Wu Y. 2017. *The state and society of China：A century long ensemble of "Great Power" and "New Citizens"*. Singapore，Springer.

Gerster-Bentaya, M. , Rocha, C. & Barth, A. 2011. *The food security system of Belo Horizonte-a model for Cape Town?* Hamburg，Germany，World Future Council. （also available at https：//www. worldfuturecouncil. org/wp-content/uploads/2016/01/2009 _ Feasibility _ Study _ Cape _ Town. pdf).

Goedde, L. , Horii, M. & Sanghvi, S. 2015. *Pursuing the global opportunity in food and agribusines s*. McKinsey：Chemicals & Agriculture July 2015. Golden，S. 2013. Urban agriculture impacts：Social，health，and economic：a literature review. UC Sustainable Agriculture Research and Education Program. Agricultural Sustainability Institute at UC Davis.

Government of Canada. 2020. Canada's health care system. In：*Government of Canada* ［online］. https：//www. canada. ca/en/health-canada/services/health-care-system/reports-publications/health-care-system/canada. html.

Government of the Netherlands. 2020. Government promotes sustainable food production. In：*Government of Netherlands* ［online］. https：//www. government. nl/topics/food/government-promotes-sustainable-food-production.

Government of Shanghai. 2009. Shanghai Municipal Agriculture Commission. In：*Shanghai China* ［online］. http：//www. shanghai. gov. cn/shanghai/node23919/node24025/node24 185/node24187/userobject22ai12431. html.

Harvard University Law School. 2017. *Good laws，good food：putting local food policy to work for our communities*. Food Law and Policy Clinic，Harvard Law School. （also available at https：//www. chlpi. org/wp-content/uploads/2013/12/good-food-good-laws _ toolkit-10. 23. 2017. pdf).

Hawkes, C. & Halliday J. 2017. *What makes urban food policy happen：insights from five case studies*. London，United Kingdom，International Political Economy Society （IPES）. （ also available at http：//www. fao. org/urban-food-actions/knowledge-products/resources-detail/en/c/1043637).

Haysom, G. 2015. Food and the city：urban scale food system governance. *Urban Forum*，26 （3）：263-281. （also available at https：//www. research-gate. net/publication/278665708 _ Food _ and _ the _ City _ Urban _ Scale _ Food _ System _ Governance).

Henkes, D. 2020. *Food industry forecast：key trends through* 2020. Emerson Climate Technologies. （also available at https：//climate. emerson. com/documents/dallas-%E2%80% 93-food-industry-forecast-key-trends-through-2020-pt-br-3632778. pdf).

Hobdari, N. , Nguyen V. , Dell'Erba, S. & Ruggiero E. 2018. *Lessons for effective fiscal decentralization in Sub-Saharan Africa*. International Monetary Fund. African Department. （ also available at https：//www. imf. org/en/Publications/Departmental-Papers-Policy-Papers/Issues/2018/07/06/Lessons-for-Effective-Fiscal-Decentralization-in-Sub-Saharan-Africa-45912).

**Hodgson, A.** 2012. A transdisciplinary world model. *Systems Research and Behavioral Science*, 29 (5): 517-526. https: //doi. org/10. 1002/sres. 2154.

**Hooghe, L. & Marks G.** 2003. Unraveling the central state, but How? Types of Multi-level Governance. *American Political Science Review*, 97 (2): 233-243. http: //hooghe. web. unc. edu/files/2016/09/hooghe. marks _ . unravelingcentralstate. apsr _ . 2003. pdf.

**Hosseinifarhangi, M. , Turvani, M. E. , van der Valk, A. & Carsjens, G. J.** 2019. Technology-driven transition in urban food production practices: A case study of Shanghai. *Sustainability*, 11 (21): 60-70. https: //doi. org/10. 3390/su11216070.

**Hou, J.** 2018. *China's poverty alleviation development transition and experience summary*. China Poverty Alleviation Experience Sharing Study commissioned by the China International Poverty Alleviation Center. Beijing Information Science and Technology University. http://www. iprcc. org/Index/down/id/5387. html.

**Hsing, Y.** 2006. Land and territorial politics in urban China. *The China Quarterly*, 187: 575-591. https: //doi. org/10. 1017/S0305741006000385.

**Huang, D. , Huang, Y. , Zhao, X. & Liu, Z.** 2017. How do differences in land ownership types in China affect land development? A case from Beijing. *Sustainability*, 9 (1): 123. https: //doi. org/10. 3390/su9010123.

**Hunter College & New York City Food Policy Center.** 2018. *Nairobi establishes a framework from which urban agriculture can flourish*. New York City. https: //www. nycfoodpolicy. org/15213-2/v.

**Information Office of Shanghai Municipal Government.** 2016. Press release for October 27, 2016 media briefing by Shanghai Municipal Government. In: *Information office of Shanghai Municiplaity* [online]. http: //en. shio. gov. cn/government-news/municipal/2471. shtml.

**International Food Policy Research Institute ( IFPRI ).** 2019. 2019 Global food policy report. Washington, DC, International Food Policy Research Institute. (also available at https: //ebrary. ifpri. org/digital/collection/p15738coll2/id/133129).

**International Labour Office ( ILO ).** 2002. *Decent work and the informal economy: sixth item on the agend*a. Report/International Labour Conference. Geneva, Internat. Labour Off. p. 129.

**International Potato Center.** 2007. *Impacts of urban agriculture: highlights of urban harvest research and development*, 2003-2006. Peru, Urban Harvest. (also available at http: //cipotato. org/wp-content/up-loads/2014/09/003952. pdf).

**Jácome-Pólit, D. , Paredes, D. , Santandreu, A. , Rodríguez Dueñas, A. & Pinto, N.** 2019. *Quito's resilient agrifood system*, *ISOCARP Review* 15. RUAF Foundation. https: // ruaf. org/document/quitos-resilient-agrifood-sys-tem/.

**Jung, H.** 2019. Urban planning policy for realizing public objectives through private development in Seoul, *Sustainability*, MDPI, Open Access Journal, 11 (9): 1-17.

**Kabeer, N., Milward, K. & Sudarshan R.** 2013. Organizing women workers in the informal economy. *Gender & Development*, 21 (2): 249-263. http://dx.doi.org/10.1080/13552074.2013.802145.

**Kenny, T., Cronin, M. & Sage, C.** 2018. A retrospective public health analysis of the Republic of Ireland's Food Harvest 2020 strategy: absence, avoidance and business as usual. *Critical Public Health*, 28 (1): 94-105. https://doi.org/10.1080/09581596.2017.1293234.

**Kerr, G., King, E., Kolehmainem-Aitkin, R-L., Lutz, E., McLean, K., Rondinelli, D., Sewell, D., Shah, A., De Tommaso, G., Wiest, D., Litvack, J., Seddon, J., Ahmad, J., Blair, H., Esmail, T., Ford, J., Hofman, B.** 2000. In J. Litvack, and J. Seddon (eds.). 2000. *Decentralization briefing notes* (English). Washington, DC, WBI working papers, World Bank. http://documents.worldbank.org/curated/en/873631468739470623/Decentralization-br-iefing-notes.

**Kingdon, J. W.** 1984. *Agendas, alternatives, and public policies*. Boston, Little, Brown & Co.

**KPMG.** 2016. *The 13th Five-Year Plan: China's transformation and integration with the world economy. Opportunities for Chinese and foreign businesses*. https://assets.kpmg/content/dam/kpmg/cn/pdf/en/2016/10/13fyp-opportunities-analysis-for-chinese-and-for-eign-bu-sinesses.pdf.

**Krugman, P. & Wells, R.** 2006. *Economics*. Applications in economics. Worth Publishers. (also available at https://books.google.it/books?id=lmJQA-QAAIAAJ).

**Lazarte, M. & Méndez, C.** 2018. *Food system assessment*. Lima, Peru.

**Leão, M. M. & Maluf, R.** 2012. *Effective public policies and active citizenship: Brazil's experience of building a food and nutrition security system*. Abrandh and Oxfam.

**Ledyard, J. O.** 2008. Market Failure. In Palgrave Macmillan, ed. *The New Palgrave Dictionary of Economics*, pp. 1-5. London, Palgrave Macmillan UK. (also available at http://link.springer.com/10.1057/978-1-349-95121-5_1052-2).

**Levenston, M.** 2020. Nairobi and environs food security, agriculture and livestock forum. In: *City Farmer News*. [online]. http://cityfarmer.info/nefsalf-nairobi-kenya-and-envi-rons-food-secur-ity-agriculture-and-livestock-forum.

**Li, M., Zhang, W. & Hayes, D.** 2018. Can China's rural land policy reforms solve its farm-land dilemma? *Agriculture Policy Review*. Ames, Iowa, Iowa State University of Science and Technology. (also available at https://www.card.iastate.edu/ag_policy_review/article/?a=78).

**Li, X.** 2017. Local People's Congress launches budget reviews. *Shanghai Daily*, press release, 13 February. https://archive.shine.cn/district/pudong/Local-Peoples-Congress-launches-budget-reviews/shdaily.shtml.

**Lindell, I.** 2010. Informality and collective organizing: identities, alliances and transnational activism in Africa. *Third World Quarterly*，31 （2）：207-222，DOI：10. 1080/014 36591003711959.

**London School of Economics and Political Science.** 2016. New urban governance. Urban complexity and institutional capacities of cities. In：*London School of Economics and Political Science* [online]. https：//lsecities. net/objects/research-projects/new-urban-governance.

**MacRae，R. & Donahue K.** 2013. *Municipal food policy entrepreneurs：a preliminary analysis of how Canadian cities and regional districts are involved in food system change.* Toronto Food Policy Council，Vancouver Food Policy Council and the Canadian Agriculture Policy Institute. （also available at https：//www. capi-icpa. ca/pdfs/2013/Municipal _ Food _ Policy _ Entrepreneurs _ Final _ Report. pdf).

**Marsden，T.，Banks J. & Bristow G.** 2000. Food supply chain approaches：exploring their role in rural development. *Sociologia Ruralis*，40 （4）：424-438，October 2000. https：// onlinelibrary. wiley. com/doi/pdf/10. 1111/1467-9523. 00158.

**Mejia，M. & Echeverri，J.** 2018. A City of Life：Medellín's plan to protect and promote urban biodiversity. *Urbanet*，16 May 2018. （also available at https：//www. urbanet. info/ medellin-urban-biodiversity/).

**Meligrana，J.，Ren，W.，Zhang，Z. & Anderson，B.** 2008. Planning a mega-city's future： an evaluation of Shanghai's municipal land-use plan. *Town Planning Review*，79 （2-3）： 267-293. （also available at https：//www. researchgate. net/publication/240822220 _ Planning _ a _ mega-city's _ fu-ture _ An _ evaluation _ of _ Shanghai's _ municipal _ land-use _ plan).

**Messner，R.** 2012. Leading the way. *Urbanite Magazine*，95：76. http：//issuu. com/urban-itemagazine/docs/may2012.

**Milan Urban Food Policy Pact （MUFPP）.** 2018. *Policy Brief，Milan Food Policy*. Milano Food Policy. [online] （also available at http：//mediagallery. comune. milano. it/cdm/objects/changeme：94565/datastreams/dataStream1112173130827997/content? 1518607131605).

**Milan Urban Food Policy Pact （MUFPP）.** 2018. *Quito：participatory urban agriculture project*. http：//www. milanurbanfoodpolicypact. org/wp-content/uploads/2018/07/Brief-2-Quito. pdf.

**Milan Urban Food Policy Pact （MUFPP）.** 2019. *The Milan Food Policy Pact Monitoring framework*. Milan Urban Food Policy Pact. Rome，FAO. （also available at http：// www. milanurbanfoodpolicypact. org/monitoring-framework/).

**Miller，A.** 2008. The CCP Central Committee's leading small groups. *China Leadership Monitor*，No. 26. https：//media. hoover. org/sites/default/files/documents/CLM26AM. pdf.

**Ministry of Natural Resources，People's Republic of China.** 2010. *Shanghai land use planning master plan* 2006-2020 （in Chinese） [online]. http：//g. mnr. gov. cn/201807/t20180727 _ 2147668. html.

**Misiaszek，C.，Buzogany，S. & Freishtat，H.** 2018. *Baltimore city's food envi-ronment：*

2018 *report*. Johns Hopkins Center for a Livable Future, Department of Environmental Health and Engineering at the Bloomb-erg School of Public Health. https: //clf. jh-sph. edu/sites/default/files/2019-01/baltimore-city-food-environment-2018-report. pdf.

**Mui, Y. , Khojasteh, M. , Hodgson, K. & Raja S.** 2018. Rejoining the planning and public health fields: leveraging comprehensive plans to strengthen food systems in an urban versus rural jurisdiction. *Journal of Agriculture, Food Systems, and Community Developme*nt 8 (B): 73-93. https: //doi. org/10. 5304/jafscd. 2018. 08B. 004.

**Municipality of Metropolitan Lima.** 2017. *Urban Agriculture Ordinance Framework*. Lima, Peru, Municipality of Metropolitan Lima. (also available at https: //busquedas. elperuano. pe/normaslegales/aprueban-ordenanza-marco-de-promocion-de-la-agricultura-urba-orde-nanza-n-1629-844998-1/.

**The Municipal Research and Services Center (MRSC).** 2020. Washington County Profiles. In: *MRSC Local Government Success*. [Cited 12 March 2020]. http: //mrsc. org/Home/Re-search-Tools/Washington-County-Profiles. aspx.

**The Municipal Research and Service Center of Washington.** 2019. Roles and responsibilities of local government leaders. In: *MRSC Local Government Success*. [online] http: //mr-sc. org/Home/Explore-Topics/Governance/Offices-and-Officers/Roles-and-Responsibilities. aspx.

**The National People's Congress (NPC) of the People's Republic of China.** 2011. Food Safety Law of the People's Republic of China. In: *Database of Laws and Regulations*. [online] http: //www. npc. gov. cn/zgrdw/englishnpc/Law/2011-02/15/content _ 1620635. htm.

**Nobrega, C.** 2014. Can "agroecology" bring food security to Latin America? *The Guardian*, 28 July 2014. (also available at https: //www. theguardian. com/global-development-pro-fessionals-network/2014/jul/28/agroeco-logy-latin-america-smallholder-farmers).

**Ola, A. E.** 2015. Perspectives on the impact of modern society on the indigenous/traditional society of Nigeria. International Organization of Scientific Research. *Journal of Humanities and Social Science*, 20 (4): 67-74.

**Organisation for Economic Co-operation and Development (OECD).** 2017. *The governance of land use: policy highlights*. In: OECD [online] https: //www. oecd. org/cfe/regional-policy/governance-of-land-use-policy-hi-ghlights. pdf.

**Orsini, F. , Dubbeling, M. , de Zeeuw, H. & Gianquinto, G. , eds.** 2017. Rooftop Urban Agriculture. Urban Agriculture. Cham, Springer International Publishing. (also available at http: //link. springer. com/10. 1007/978-3-319-57720-3).

**Ostrom, E. & Ahn, T. K.** 2007. *The meaning of social capital and its link to collective*. Handbook on Social Capital. Indiana University, Bloomington, School of Public &. Envi-ronmental Affairs Research Paper. (also available at https: //ssrn. com/abstract = 1936058).

**Panday, P.** 2014. Central-Local Relations, Inter-organisational coordination and policy implementation in urban Bangladesh. *Asia Pacific Journal of Public Administration*，28：41-58. https：//doi. org/10. 1080/23276665. 2006. 10779314.

**Parsons, K.** 2017. *Constructing a national food policy： integration challenges in Australia and the UK.* Department of Sociology，Centre for Food Policy，City University of London (PhD dissertation).

**People's Republic of China.** 2016. The 13th Five-Year Plan for economic and social development of the People's Republic of China.（2016-2020）. https：//en. ndrc. gov. cn/policyrelease _ 8233/201612/P020191101482242850325. pdf.

**Peters, B. G.** 1998. Managing horizontal government：The politics of co-ordination. *Public Administration*，76（2）：295-311. https：//doi. org/10. 1111/1467-9299. 00102.

**Pincus, E.** 2017. Using data to address hunger and food insecurity. *Data Smart City Solutions*，6 December 2017［online］.（also available at https：//datasmart. ash. harvard. edu/news/article/using-data-to-address-hunger-and-food-insecurity-1178）.

**Plunkett, J. W.** 2019. *Food Industry Almanac.* Plunkett Research. https：//www. plunkettresearch. com/complete-guide-to-the-food-industry-from-plunkett-research-2019/Pornchaleumpong P. & Rattanapanon N. 2015. Distribution center in Thailand. Bangkok，Food Network Solution.

**Puget Sound Regional Council.** 2020. Regional Food Policy. In：*Puget Sound Regional Council* ［online］. https：//www. psrc. org/regional-food-policy.

**Quaglia, S. & Geissler, J.-B.** 2018. Greater Milan's foodscape：a neorural metropolis. In Y. Cabannes & C. Marocchino（eds.）*Integrating food into urban planning*，pp. 276-291. Rome，FAO. http：//www. fao. org/3/CA2260EN/ca2260en. pdf.

**Rapp, J.** 2017. Wayuu hunger crisis requires OECD intervention，urges Human Rights Watch. *The Bogota Post*，2 November 2017.（also available at https：//thebogotapost. com/2017/11/02/wayuu-hunger-crisis-requires-oecd-intervention-urges-human-rights-watch/）.

**Resnick, D.** 2014. Strategies of subversion in vertically-divided contexts：decentralisation and urban service delivery in Senegal. *Development Policy Review*，32（S1）：61-80. https：//doi. org/10. 1111/dpr. 12069.

**Resnick, D.** 2015. The political economy of Africa's emergent middle class：retrospect and prospects. *Journal of International Development*，27（5）：573-587. https：//doi. org/10. 1002/jid. 3110.

**Resnick, D.** 2016. *Strong democracy，weak state：the political economy of Ghana's stalled structural transformation.* IFPRI Discussion Paper 1574. Washington，DC，IFPRI.（also available at http：//ebrary. ifpri. org/cdm/ref/collection/p15738coll2/id/130949）.

**Resnick, D.** 2018. Is Ghana serious about decentralization? In：*IFPRI Blog*［online］. https：//www. ifpri. org/blog/ghana-serious-about-decentralization.

**Ridde, V.** 2009. Policy implementation in an African state：an extension of Kingdon's multiple-streams approach. *Public Administration*，87（4）：938-954. https：//doi. org/10.

1111/j. 1467-9299. 2009. 01792. x.

**Rikolto.** 2018. *Quito's food charter: the result of collective efforts. Food Smart Cities. In: Rikolto.* [online] (also available at https://www. rikolto. org/en/news/quitos-food-charter-result-collective-efforts).

**Roberts, D.** 2017. What is "political will" anyway? Scholars take a whack at defining it. *Vox*, 24 December 2017. https://www. vox. com/2016/2/17/11030876/political-will-definition.

**Rocha, C.** 2001. Urban food security: The case of Belo Horizonte, Brazil. *Journal for the Study of Food and Society*, 5 (1): 36-47. http://www. tandfonline. com/doi/pdf/10. 2752/152897901786732735? needAc-cess=true.

**Rocha, C. & Lessa L.** 2009. Urban governance for food security: the alternative food system in Belo Horizonte, Brazil. *International Planning Studies*, 14 (4): 389-400.

**Rojas-Valencia, M. , Velásquez, M. T. & Franco, V.** 2011. Urban agriculture, using sustainable practices that involve the reuse of wastewater and solid waste. *Agricultural Water Management*, 98: 1388-1394. https://doi. org/10. 1016/j. agwat. 2011. 04. 005.

**RUAF Foundation.** 2020. Urban agriculture and city region food systems: what and why? In: *RUAF.* [online] (also available at https://ruaf. org/urban-agriculture-and-city-region-food-systems/).

**Santandreu, A.** 2018. Urban agriculture in Lima metropolitan area: one (short) step forward, two steps backwards-the limits of urban food planning. In Y. Cabannes & C. Marocchino, eds. *Integrating food into urban planning*, pp. 117-133. London, UCL Press; Rome, FAO. DOI: 10. 2307/j. ctv513dv1. 12.

**Sasaki Associates, Inc.** 2020. A new model for urban farming for the world's largest agricultural producer and consumer: China. Sunqiao Urban Agricultural District. In: Sasaki. [online] (also available at https://www. sasaki. com/projects/sunqiao-urban-agricultural-district/).

**Scherb, A. , Palmer, A. , Frattaroli, S. & Pollack, K.** 2012. Exploring food system policy: a survey of food policy councils in the United States. *Journal of Agriculture, Food Systems, and Community Development*, 2 (4): 3-14. http://dx. doi. org/10. 5304/jafscd. 2012. 024. 007.

**Seto, K. C. , Guneralp, B. & Hutyra, L. R.** 2012. Global forecasts of urban expansion to 2030 and direct impacts on biodiversity and carbon pools. *Proceedings of the National Academy of Sciences*, 109 (40): 16083-16088. https://doi. org/10. 1073/pnas. 12116 58109.

**Shanghai Municipal People's Congress.** 2010. The Financial and Economic Committee [online]. http://www. spcsc. sh. cn/n230/n234/n248/userob-ject1ai37020. html.

**Shanghai Municipal People's Government (SMPG).** 2012. Twelfth Five-Year Plan of Shanghai's financial reform and development. In: *Shanghai* [online]. http://www. sh. gov. cn/nw2/nw2314/nw2319/nw2404/nw29352/nw29353/u26aw30769. html.

**Sharit, K. B.** 2005. Street vendors in Asia: a review. *Economic and Political Weekly*, 40 (22/23): 256-264. www. jstor. org/stable/4416705.

**Shen, R.** 2015. Shanghai to implement food traceability system. In: *ChemLinked* [online]. https: //food. chemlinked. com/news/food-news/shanghai-implement-food-traceability-system.

**Shi, G. , Jiang, N. & Yao, L.** 2018. Land Use and Cover Change during the Rapid Economic Growth Period from 1990 to 2010: A Case Study of Shanghai. Sustainability 2018, 10: 426. https: //doi. org/10. 3390/su10020426.

**Sidaner, E. , Balaban, D. & Burlandy, L.** 2013. The Brazilian school feeding programme: an example of an integrated programme in support of food and nutrition security. Public Health Nutrition, 16 (6): 989-994. https: //doi. org/10. 1017/S1368980012005101.

**Sioen, G. , Sekiyama, M. , Terada, T. & Yokohari, M.** 2017. Post-disaster food and nutrition from urban agriculture: A self-sufficiency analysis of Nerima Ward, Tokyo. *International Journal of Environmental Research and Public Health*, 14 (7): 748. https://www. mdpi. com/1660-4601/14/7/748.

**Skinner, C.** 2008. The struggle for the streets: processes of exclusion and inclusion of street traders in Durban, South Africa. *Development Southern Africa*, 25 (2): 227-242. https://www. tandfonline. com/doi/abs/10. 1080/03768350802090709.

**Smit, W.** 2016. Urban governance and urban food systems in Africa: Examining the linkages. *Cities*, 58: 80-86. https: //www. sciencedirect. com/science/article/pii/S026427 511630083X?via%3Dihub.

**Sonnino, R.** 2017. The cultural dynamics of urban food governance. *City*, *Culture and Society*, 16: 12-17. https: //doi. org/10. 1016/j. ccs. 2017. 11. 001.

**South-East Asia IPR SME Helpdesk.** 2018. IP protection in the Philippines' food and beverage industry. *ASEAN Briefing*, 11 May 2018. (also available at https: //www. aseanbriefing. com/news/ip-protection-philippines-food-beverage-industry/).

**Stamoulis, K. & Di Giuseppe, S.** *Economic transformation and food security: spatial and gender perspectives*. Rome, FAO. (unpublished).

**Sustainable Development Commission.** 2011. *Looking Back, Looking Forward: Sustainability and UK Food Policy* 2000-2011. Sustainable Development Commission. (also available at http: //www. sd-commission. org. uk/data/files/publications/FoodPolicy10 _ Report _ final _ w. pdf).

**Tefft, J. F. , Jonasova, M. , Adjao, R. T. O. A. & Morgan, A M.** 2017. *Food systems for an urbanizing world*. Washington, DC, World Bank. (also available at http: //documents. worldbank. org/curated/en/454961511210702794/Food-systems-for-an-urbanizing-world-knowledge-product).

**Thebo, A. L. , Drechsel, P. & Lambin, E. F.** 2014. Global assessment of urban and peri-urban agriculture: irrigated and rainfed croplands. *Environmental Research Letters*, 9 (11): 114002. https: //doi. org/10. 1088/1748-9326/9/11/114002.

**Toronto Food Policy Council (TFPC).** 2015. *Toronto food policy archive：food policy decisions in Toronto.* http：//tfpc. to/wordpress/wp-content/uploads/2015/05/Toronto-Food-Policy-Archive-Spring-2015. pdf.

**Toronto Medical Officer of Health.** 2017. *Toronto Food Strategy：2017 Update Report.* https：//www. toronto. ca/legdocs/mmis/2017/hl/bgrd/backgroundfile-107950. pdf.

**Toronto Public Health.** 2018. *Toronto Food Strategy，2018 Report.* https：//www. toronto. ca/legdocs/mmis/2018/hl/bgrd/backgroundfile-118079. pdf.

**UN-Habitat.** 2008. Metropolitan governance：governing in a city of cities. In R. Warah，ed. *State of the World's Cities* 2008/09，pp. 226-237. London，UK，Earthscan. （also available at https：//sustainabledevelopment. un. org/content/documents/11192562 _ alt-1. pdf）.

**UN-Habitat.** 2015. *The challenge of local government financing in developing countries.* United Nations Human Settlements Programme. Nairobi，UN-Habitat. （also available at https：//sustainabledevelopment. un. org/content/documents/1732The％ 20Challenge％20of％20Local％20Government％20Financing％20in％20Developing％20Countries％20 _ 3. pdf）.

**UN-Habitat.** 2016. *Urbanization and development：emerging futures.* World cities report No. 2016. Nairobi，Kenya，UN-Habitat. （also available at https：//unhabitat. org/sites/default/files/download-manager-files/WCR-2016-WEB. pdf）.

**UN-Habitat.** 2019. *Guiding principles and a framework for action for the urban-rural linkages to advance integrated territorial development.* Expert Group Meeting in La Paz，Bolivia 19-20 June 2018 Summary Report. Nairobi，Kenya，UN-Habitat. （also available at https：//unhabitat. org/node/142337）.

**UN-Habitat & United Nations Economic Commission for Africa (UNECA).** 2015. *Towards an Africa urban agenda.* Nairobi，Kenya，UN-Habitat. （also available at https：//issuu. com/unhabitat/docs/towards _ an _ africa _ urban _ agenda _ with）.

**United Nations.** 2016. *The world's cities in* 2016. Data booklet. （also available at https：//www. un. org/en/development/desa/population/publications/pdf/urbanization/the _ worlds _ cities _ in _ 2016 _ data _ booklet. pdf）.

**United Nations Capital Development Fund (UNCDF).** 2016. *Implementing the Addis Ababa Action Agenda and the SDGs：innovative approaches to municipal finance in LDCs.* Financing for Sustainable Development Office. Department of Economic and Social Affairs. （also available at https：//www. un. org/esa/ffd/wp-content/uploads/2016/10/brochure-m-f-2016. pdf）.

**United Nations Children's Fund (UNICEF).** 2016. *Intergovernmental Fiscal Transfers DRAFT.* PF4C Technical Guidance Note Series，No. 2.

**United Nations Department of Economic and Social Affairs (UNDESA).** 2018. World Urbanization Prospects 2018. Population Dynamics. In：*United Nations. Department of Economic* *and Social Affairs*. (also available at https：//population. un. org/wup/).

**United Nations Development Programme （UNDP）.** 2019. *Fiscal transfers in Asia：challenges and opportunities for financing sustainable development at the local level*. Bangkok，United Nations Development Programme. （also available at https：//www. undp. org/content/undp/en/home/librarypage/poverty-reduction/fiscal-transfer-in-asia. html).

**United Nations Industrial Development Organization （UNIDO）.** 2013. *Sustaining employment growth：the role of manufacturing and structural change*. Industrial Development Report. ［Cited 20 May 2017］https：//www. unido. org/fileadmin/user _ media/Research _ and _ St-atistics/UNIDO _ IDR _ 2013 _ main _ report. pdf.

**United States Department of Agriculture （USDA）.** 2020. Agriculture and food sectors and the economy. In：*USDA Economic Research Service* ［online］. （also available at https：//www. ers. usda. gov/data-products/ag-and-food-statistics-charting-the-essentials/ag-and-food-sectors-and-the-economy/).

**Van Nieuwkoop, M.** 2019. Do the costs of the global food system outweigh its monetary value? In：*World Bank Blogs* ［online］. https：//blogs. worldbank. org/voices/do-costs-global-food-system-outweigh-its-monetary-value.

**Wang, J. & Yao, H.** 2020. Practice and exploration of property right system reform of collective economic organizations in Minhang District Township. *Shanghai Rural Economy* （4）：17-18. （also available at https：//mall. cnki. net/magazine/Article/SHNC 202004007. htm).

**Weber, C. L. & Matthews, H. S.** 2008. Food-miles and the relative climate impacts of food choices in the United States. *Environmental Science & Technology*，42 （10）：3508-3513. https：//doi. org/10. 1021/es702969f.

**Wikipedia.** 2020. *Food sovereignty*. In：*Wikipedia* ［online］. （also available at https：//en. wikipedia. org/wiki/Food _ sovereignty).

**World Bank.** 2012. *Devolution without disruption：pathways to a successful new Kenya* （Vol. 2）：Main report. Washington DC，World Bank. （also available at http：//documents. worldbank. org/curated/en/534071468272361395/Main-report).

**World Bank.** 2015. Competitive cities：a local solution to a global lack of growth and jobs. In：*World Bank* ［online］. https：//www. worldbank. org/en/topic/trade/publication/competitive-ci-ties-a-local-solution-to-a-global-lack-of-growth-and-jobs.

**World Bank，FAO & RUAF.** 2017. *Urban Food Systems Diagnostic and Metrics Framework，Roadmap for future geospatial and big data analytics*. World Bank. 25 pp. （also available at http：//documents. worldbank. org/curated/en/807971522102099658/Urban-food-systems-diagnostic-and-metrics-framework-roadmap-for-f-uture-geospatial-and-big-data-analytics).

**World Forum on Food Sovereignty.** 2001. Final declaration of the world forum on food sovereignty. In：*IATP* ［online］. https：//www. iatp. org/documents/final-declaration-of-the-world-foru-m-on-food-sovereignty-0.

**Yao, S.** 2000. Economic development and poverty reduction in China over 20 years of reforms

. *Economic Development and Cultural Change*，48（3）：447-474.

**Yokohari, M. , Goto, M. , Watado, H. , Kato, Y. , Shiraishi, Y. , Yamaguchi, T. , Kato, H. , Ito, M. , Takeda, N. , Iwasawa, M. , Sato, K. , Yamaguch, T. , Kuriaki, T. , Nagashima R. & Iida, A.** 2018. Nerima's urban agriculture. 2018 Urban Agriculture World Summit Pre-Event. Heisei，Japan. 30 November 2018.

**Yuan, Z.** 2004. Land use rights in China. Cornell Real Estate Review，3：73-78. （also available at https：//scholarship. sha. cornell. edu/cgi/viewcontent. cgi? article = 1088&context=crer）.

**Zhang, H. , Zhou, L.-G. , Chen, M.-N. & Ma, W.-C.** 2011. Land use dynamics of the fast-growing Shanghai Metropolis，China (1979-2008) and its implications for land use and urban planning policy. *Sensors*，11 (2)：1794-1809. https：//doi. org/10. 3390/s110201794.

**Zhang, Y. , Yang, Z. & Fath, B. D.** 2010. Ecological network analysis of an urban water metabolic system：Model development，and a case study for Beijing. *Science of The Total Environment*，408 (20)：4702-4711. https：//doi. org/10. 1016/j. scitotenv. 2010. 06. 019.

**Zhu, Y. -G. , Gillings, M. , Simonet, P. , Stekel, D. , Banwart, S. & Penuelas, J.** 2017. Microbial mass movements. *Science*，357 (6356)：1099-1100. https：//doi. org/10. 1126/science. aao3007.

# 案例研究作者

**巴尔的摩：**

**Zhang，F.** 2019. Urban food systems governance case study：Baltimore，USA. Unpublished manuscript.

**贝洛奥里藏特：**

**Rocha，C.** 2019. Urban food systems governance case study：Belo Horizonte，Brazil. Unpublished manuscript.

**利马：**

**Castro Verústegui，F.** 2019. Urban food systems governance case study：Lima，Peru. Unpublished manuscript.

**麦德林：**

**Gómez，A.，Carlos，J.，Zuluaga Orrego，J. Rodriguez Fazzone，M. & Ramirez Villada，R.** 2019. Urban food systems governance case study：Medellín，Colombia. Unpublished manuscript.

**内罗毕：**

**Musyoka，P.** 2019. Urban food systems governance case study：Nairobi，Kenya. Unpublished manuscript.

**基多：**

**Santandreu，A. & Rodriguez Dueñas，A.** 2019. Urban food systems governance case study：Quito，Ecuador. Unpublished manuscript.

**首尔：**

**Lee，C.** 2019. Urban food systems governance case study：Seoul，Korea. Unpublished manuscript.

**上海：**

**Zhang，F.** 2019. Urban food systems governance case study：Shanghai，China. Unpublished manuscript.

**多伦多：**

**Zhang，F.** 2019. Urban systems governance food case study：Toronto，Canada. Unpublished manuscript.

# 附录1　规划

**（1）一切取决于背景**

国家规划政策框架和规划部门通常为城市制定粮食计划提供指导原则和总体框架。了解与城市粮食议题相关的国家级行业政策框架，对于保持国家、州（省）级和市级层面政策之间的纵向一致性以及部门政策之间的横向一致性同样重要。服务机构不太可能遵循与自身计划冲突或未参与决策过程的国家规划和城市规划（Forster等，2015b）。城市粮食计划能否成功制定和实施，还取决于计划所涉议题和干预举措是否符合更广泛的城市需求（Haysom，2015）。

国家战略文件还提供了与粮食计划相关的重要背景信息、愿景和目标。例如，肯尼亚《2030年愿景》中提出的目标就为协调内罗毕的城市规划和粮食综合政策提供了重要参考。

了解国家或城市规划制定过程的步骤和细节，对于有效参与规划工作同样重要。在北美的一些城市，城市规划和地方用地规划通常由独立规划委员会负责。委员会主要成员是普通公民，作为地方管理机构（例如市议会）的咨询机构，委员会在正式规划的采用和法规修订请求的审查等方面提供决策支持（哈佛大学法学院，2017）。在曼谷，曼谷大都会管理局政策和规划处与高校、规划领域的专业智库、公共部门、私营部门和民间组织开展合作，共同管理粮食计划制定过程（Boossabong，2018）。基多近期的城市规划以民间组织的积极参与、基多《2040年愿景》和《基多大都会区发展和监管规划（2015—2025）》指导方针为基础，推动了基多农产品战略（Pacto Agroalimentario）的制定。

**（2）人力资源很重要**

在城市规划过程中，与大学、研究机构、城市规划专家、非营利组织和专业规划智库的合作，可以为粮食部门和其他参与者提供技术支持和专业培训。为使非专业人士了解流程，并将粮食议题纳入交通和健康等部门的规划中，熟悉当地城市规划程序的城市规划员的参与或意见非常重要。城市规划既涉及详细的技术性工作，更深受市级政治的影响，了解公共部门、私营部门和民间组织的利益和战略，对有效参与城市规划非常重要。

**（3）共同愿景和判断性评估是首要步骤**

制定关于粮食干预举措的愿景或战略，通常是规划的过程的一部分或规划前的第一项工作。制定具有远大目标的愿景是市政府阐明其价值观、想法和优先事项的重要一步。城市可以使用各种术语来命名规划过程的各种产出成果（例如章程、战略、政策、规划）。战略阐明以结果为导向的愿景，而规划则指出了为实现结果需要采取的步骤。粮食章程展现城市推动粮食政策的制度性意愿，但不具备约束力。政策通常（但不总是）从属于战略，为指导决策和实现特定结果提供明确的原则或声明。一些城市可能会为某个规划单独制定战略文件。

• 多伦多和温哥华制定了综合政策文件，包含战略愿景和原则、总体目标和行动计划。

• 利马市长将城市和城郊农业作为新型城市发展模式战略愿景的一部分。利马通过了符合这一愿景的第 1629 号市政法令，定义了城市农业和农业习惯做法，为利马提供粮食并促进粮食安全（Cabannes and Marocchino，2018）。

话语和表达是关键。粮食议题能否成功纳入规划文件，很大程度上取决于讨论粮食议题的话语是否与城市目标和优先事项保持一致，以及是否会获得其他参与者的政治认可。城市和利益相关者用何种话语表述粮食议题，对于建立粮食体系治理联盟、制定宣传材料以及触达更广泛的受众非常重要。使用特定术语或传递某些政治信息，可能会促进合作，也可能阻碍合作。城市经验表明，当人们对如何讨论某个粮食议题形成一致意见时，这种共识就能成为相互理解和解决难题的基础。

• 在基多，利益相关者争相对粮食政策框架和优先事项施加影响，私营部门、民间组织和中央政府在是否承认和采用"粮食主权""超加工产品"等表达这一问题上，存在较大分歧。

• 巴尔的摩的粮食政策部门决定在其旗舰型项目——"巴尔的摩粮食政策倡议"（BFPI）中采用去政治化方式处理粮食获取问题，避免与支持该倡议的任何盟友发生分歧和冲突。虽然"巴尔的摩粮食政策倡议"借鉴了有关该市饥饿问题和粮食获取难题的所有研究，但没有详细说明造成这些问题的结构性原因，也没有对解决粮食获取难题的任何方案进行表态。这一话语策略促使粮食体系治理联盟成员达成共识。

利益相关者的参与对于有效的粮食规划至关重要。在北美从事粮食议题工作的城市规划者中，近 60％ 的人强调，在决定是否将粮食议题纳入当地城市规划时，公民和社区的支持有着举足轻重的地位；他们还强调，民选官员和地方规划机构对于粮食议题的认识和支持，也发挥重要作用（Hodgson，2012）。例如，巴西在 2001 年决定制定的"城市权"法规，就允许公民参与当地政府的决策（联合国，2016）。

判断性评估影响深远。判断性评估可以为计划的制定提供极大助力，在考虑某些关键议题是否纳入计划时，这些评估能够为决策提供相关信息和分析支持。这些评估也能为后续的监测与评估工作收集基础信息。系统性和包容性的评估过程有助于粮食体系内不同视角观点的制度化，也为梳理粮食计划的逻辑以及相互关联的各职能部门、各参与者所面临的挑战和机遇提供了有用的思考框架（Cabannes and Marocchino，2018）。

**（4）细节决定成败**

无论是学术上还是实践中，城市发展规划都是一个范围宽广、发展成熟的领域。在城市发展规划领域浩如烟海的概念和工具中，有一些也同样适用于粮食规划的讨论。

时间连贯性。粮食计划按照时间跨度可以分为短期、中期或长期计划。为加强粮食干预举措的可持续性，并避免因政府换届导致计划停滞或被搁置，城市可能需要考虑更长的规划周期，以超越政治周期或选举周期（De Cunto，2017）。将规划的制定和实施分解成更直观明了的行动，与政府官员的中短期优先事项或任期保持一致，也是可取的做法（联合国人居署和非洲经济委员会，2015）。不过，时间跨度更长的规划周期可能有助于调动更具可预测性的融资规模（Resnick，2016），并为计划的实施和政策的推行提供更为充裕的时间，以应对四到五年内无法解决的问题（Hawkes and Halliday，2017）。

确定合适的范围和重点。粮食计划必须在广度和深度之间找到平衡；这通常是城市粮食干预早期的难点（Cabannes and Marocchino，2018）。虽然更为深度的干预举措在制定、筹资、执行方面可能更加现实可行，但一些城市提倡分散式规划，避免将所有精力和资源集中在某个时下热门的领域。着手多个领域的长期规划能获得更加广泛的群众支持，也更有可能得到下一届政府的支持。

聚焦管辖权。由于粮食计划是在特定管辖区内（例如市、大都市区、县）制定的，其目标、组成和举措也自然应与管辖区的授权和职能保持一致。在东亚，人口超过 10 万的城区中有 60％由单一管辖区管辖（Baker，2017）。在跨辖区（例如市和县）规划中，规划制定者必须注意规划活动与目标管辖区之间的一致性。覆盖大都市区和城郊县域的多辖区规划似乎也与许多粮食体系议题（例如土地使用、粮食供应、城市和城郊农业）密切相关。例如，贝洛奥里藏特在改善"粮食获取"方面所作的努力便源于将粮食需求与其他成果联系起来的规划，并最终将一体化的粮食体系愿景落地为多个领域的务实举措。跨辖区的规划流程整合工作可以从其他可能涉及粮食议题的服务行业着手，如交通、健康、教育等。

**（5）确定促进有效实施的条件**

需要找到促进或阻碍粮食计划有效实施的条件。谁有能力执行这些规划？

粮食问题应纳入整体规划还是单独制定粮食规划？经验表明，一开始制定粮食计划时，往往面临能力不强、资金不足、对规划过程不够熟悉等问题。因而，在早期阶段，最好优先将粮食干预举措纳入市政部门规划或城市发展规划中，推迟制定全面粮食计划，待粮食部门提升专业能力和完善制度机制后，再推进粮食议程。

## 土地利用规划：内在联系和影响

何为土地利用规划？

土地利用规划和区划是重要的城市规划工具，对城市和城郊地区的粮食干预具有重大影响。这些规划会影响粮食市场、粮食加工和农产品园区的用地情况，并对城市和城郊农业工作和绿地森林保护工作进行管理，以期实现生态多样性、洪水管理等生态系统服务功能（Clinton 等，2018）。将土地利用规划用于粮食干预工作是相对新颖的领域，因此相关实证经验非常有限（Cabannes and Marocchino，2018）。虽然"土地利用规划"常常与"城市规划"混用，但土地利用规划通常是综合城市规划的一部分，制定土地利用规划的目的是梳理和规范政府管辖范围内的土地利用和管理情况，促成积极的社会、环境成果，实现高效的资源利用。综合性或战略性土地利用规划是一套广泛的政策，指导地方政府辖内土地未来的开发利用工作。区划条例和区划地图则明确规定了土地所有者如何在符合综合土地利用规划要求的前提下使用和开发自家土地，同时确保遵守联邦、州、地区等多个层面的法律法规。按照各区域土地的当前用途和潜在用途，区划将城市或城镇划分为具有特定土地用途的区域。总体而言，某些土地用途具有互斥性，这些土地功能确实需要安排在不同的区划中去实现。一些规划工作人员在打造公共领域空间时，引入了灵活的激励工具，对促进实现公共目标（如建设改善城市环境的公共设施）的私营部门（例如开发商）进行补偿或奖励（Jung，2019）。

将土地利用规划用于城市粮食干预的切入点

城市已使用用地监管工具来推进城市粮食干预。以下是在六个农产品领域中运用土地利用政策和规划的实践经验。

**（1）防止农用地变为城市用地的规划和法规**

2000—2030 年，全球城市用地面积预计将增加两倍（Angel 等，2011；Seto 等，2012），预计到 2030 年，全球农田面积将因此减少 1.8%～2.4%。其中，80%的农田面积缩减将发生在亚洲和非洲，这些缩减的农田粮食产出效率是亚非各国平均水平的两倍还多，按 2000 年的产出水平测算，其粮食总产量占全球产量的 3%～4%（Bren d'Amour 等，2017）。各国政府已纷纷采取行动保护粮食生产用地。在经济合作与发展组织（OECD）国家，各国政府通过农业和土地使用政策（财政激励或监管监督）来解决农田转用问题，不过各部门和各级政府之间缺乏统筹协调（经济合作与发展组织，2017）。

**（2）促进城市和城郊农业的用地法规**

农业用地区划是政府保障农业用地的一项措施，有助于确立和维持城市和城郊农业的经济活动定位及农业生产者的专业人员地位。联合国粮农组织的一项调查发现，在大多数城市，城市和城郊农业通常被排除在城市土地利用规划和管理之外，或未被明确纳入规划（联合国粮农组织，2014）。例如，在基多，城市土地利用规划并未明确认可城市和城郊农业这一概念。鉴于"参与式城市农业计划"（AGRUPAR）在基多大都市区取得的成就，这着实令人吃惊。如今，新粮食政策的制定工作面临着挑战，因为需要在更大的"城市—区域"层面和不同管辖区间开展工作（Blay-Palmer 等，2018）。区划和其他用地法规影响着城市和城郊农业的形式和实践，城市和城郊农业可能不会被视为土地使用类别，农业活动和相关商业活动的开展也在大多数区划中受到限制。这些区划和其他用地法规已经有点过时，无法涵盖在"屋顶农业""楼内农业"或"地下农业"等新形态的城市和城郊农业实践。2011 年，利马市长将城市和城郊农业纳入战略愿景，此举推动了用地条例的修订和"大都市区城市农业规划"的出台。2016 年，巴尔的摩规划部发起"改造巴尔的摩"倡议，重新制定该市的区划法规。新规给出了城市和城郊农业、社区公共空间的定义和使用标准，城市和城郊农业、社区公共空间没有作为土地用途出现在此前的区划中。

**（3）促进粮食市场发展的用地法规**

用地法规对于创建多样化的零售"粮食格局"至关重要，其施加影响的方式有两种：一是支持小型的独立粮食商店和餐馆；二是限制大型商超或连锁店的粮食生意。区划法规和授权许可程序会影响城市粮食市场的准入，有时还会形成准入壁垒。区划法规和授权许可程序也决定了何种市场主体可以在居民区建立生鲜农产品市场或设立摊位。城市对粮食供应商的授权许可（如豁免许可费用），将影响服务不充足社区内市场或摊位的设置。严格意义上说，规划决策由规划部门作出。不过，开发商、金融机构和投资者、市场研究人员、物业公司和租赁公司、零售商和供应商在塑造城市零售格局方面也发挥着关键作用。他们对规划过程的影响力推动了许多国家超市和购物中心的快速扩张，这通常不利于非正式粮食部门的发展，也不利于依赖小商贩、小商店和小餐馆获取食物的低收入消费者群体（Battersby，2017）。经济合作与发展组织建议各国政府禁止那些扼杀竞争和限制特定活动用地的私人用地契约（经济合作与发展组织，2017）。

**（4）促进环境服务和生物多样性的土地利用规划**

城市还需关注城市和城郊地区的农田、森林和绿地提供的各种环境效益和生态服务，可以利用空间规划和跨辖区统筹协调的手段，善用区划、地役权和公共信托等工具，来开展生态系统服务管理工作。2010 年，哥伦比亚麦德林市采用新方法进行生物多样性管理和保护，启动了全国首个城市生物多样性地方行动计划。麦德林在 2014 年对土地利用规划进行了调整，以支持配合这一战略行动，并让多个利益相关者参与进来。利马市政府通过第 1629 号法令，批准了大都市环境政策，作为可持续城市发展总体战略愿景的一部分。第 1629 号法令作为激励机制，鼓励开展以下行为：①条件允许的情况下，在天台、墙壁、学校、住宅和生产性绿地上开辟菜园；②对城市农业中产生的固体和液体废物进行处理和再利用。经由第 1640 号市政法令批准的"大都市区环境议程"将城市和城郊农业纳入其目标，以保护为城市提供生态服务的城市山谷，并通过实行可持续城市农业来保护和增加生产性绿地。"协同发展计划"（2012—2015 年）将城市和城郊农业纳入城市规划工具之中，设定了人均绿地面积以及保护和维持南部农业山谷等战略目标，并将城市和城郊农业纳入绿地和城市公共空间，作为提高利马人民生活质量的一项战略（Cabannes and Marocchino，2018）。

**（5）促进营养食物环境创设的用地法规**

北美城市广泛使用区划来规范土地开发，以保护健康、福利和整体福祉。他们开创性地提出了"健康粮食区划"，鼓励创造更健康的粮食环境，尤其是在学校周围和服务不足的社区。城市以不同策略和抓手来吸引和激励私营部门参与实现这一目标。一些城市在区划中对快餐店的位置和数量作出规定，特别考虑了快餐店与学校的距离。城市可能会根据快餐店对市容市貌、交通情况产生的影响等因素制定快餐店法规。城市还可能寻求通过商业许可法规来限制某类餐馆的开设。此外，城市可以通过区划和许可的手段建立果蔬市场，促进新鲜果蔬的销售。

**（6）将农产品视角引入混合用途城市开发模式**

涵盖住宅、商务、粮食和天然景观的混合用途开发模式可能为在城市空间中引进粮食干预举措提供机遇，在就业和包容性、气候变化、绿色增长和粮食体系韧性等议题越来越重要的情况下更是如此。许多欧洲城市制定了综合土地利用规划，将社区花园与住房、教育、自然保护和生物多样性等多方面考量结合起来；中国的城市内有农业园区或绿化带；世界各地的房地产开发商正在将城市和城郊农业的理念整合到住宅开发和农舍建设过程中，使居住者能够参与农业生产或者从新鲜的农产品中受益。

# 附录 2　财政

城市为粮食干预举措的实施提供多种来源资金，包括市政预算、国家和省级拨款、慈善基金会和合作伙伴的捐款，以及公共投资基金、公私合作伙伴关系和其他各种融资工具，如债务融资、混合融资、气候融资等。这些资金可用于为市政府人力资源职位提供薪资，支付项目运营成本和支持投资。城市融资策略因粮食体系治理模式（城市主导型、国家影响型或混合型）而异，并受城市规模和财富、国家宪法规定、法律和监管框架、更广泛的治理体系（例如联邦制、单一制）和权力下放程度的影响。

地方政府通常依靠三类资金来源：①地方税收、罚款和使用费；②中央和州（省）政府的政府间财政转移支付；③地方政府的借贷等。除了中等收入和高收入国家的大城市外，政府间财政转移支付是世界上大多数地方政府使用的主要融资来源。这种转移支付用来补充地方收入不足，因为税收基础薄弱的地方政府无法支付经常性或资本性支出。政府间财政转移有多种类型，其中一些财政转移是无条件的和透明的。在许多国家，财政转移通常是有条件的，专门用于特定项目。某些国家可能会使用基于政绩的拨款和补贴，有时可通过竞争或收支匹配程序获得资金（UN-Habitat，2015；Fjeldstad，2006；Hobdari等，2018；UNCDF，2016；UNICEF，2016；Farvacque-Vitkovic and Kopanyi，2014）。

在国家影响型治理模式下，城市粮食计划通常通过国家部委办公室来获得中央政府预算。城市主导型粮食计划虽然无法快速获得国家资金，但市政部门预算、慈善基金会和发展合作伙伴调动资源均能为城市提供融资机会。更成熟的城市主导型粮食计划和混合型粮食计划受益于国家、省、市和部门财政转移的融合。若要获得市、省级和国家预算，新制定的粮食干预举措和计划可能需要一定时间，这取决于粮食部门与市长办公室、市议会、其他市政部门以及国家或省级官员合作的能力。下面讨论的机会主义方法在粮食计划实施的早期阶段尤为重要。

**发展合作伙伴**

开发合作伙伴的融资能促进对城市粮食计划的投资。基多实施"参与式城市农业计划"（AGRUPAR）的先决条件是，这一试点项目作为对基多市政府融资和投资的补充，得到了加拿大国际发展研究中心的财政支持（联合国粮农组织，2015）。联合国粮农组织在评估利马、麦德林和内罗毕的融资能力发展方面发挥了类似的促进作用。积极加入全球城市网络、伙伴关系、各类协定和国际平台使世界上许多城市从中受益，还有助于调动资金以及加强技术援助、相关培训和分析工作。

**市级和省级经济开发企业**

许多城市利用国有企业或公私合营性质的经济开发企业为创新型粮食规划融资。城市发展公司（EDU）是一家经济开发公司，凭借从麦德林市属公用事业公司所获得的利润，为城郊低收入地区的基础设施投资并为粮食安全项目提供资金。通过参与式开发模式建立信任和促进社区参与，城市发展公司与麦德林市"绿带"倡议一起资助了生态花园项目，以便获得土地和为单身母亲提供培训。基多的经济开发署（CONQUITO）实施"参与式城市农业计划"并资助创新生产活动和微型企业服务，以创造就业机会和公平财富。巴尔的摩城市发展公司的"粮食沙漠零售战略"为食品店提供相关支持，为严重缺乏零售业的街区提供发展动力。

**从地方政府、省级政府和国家政府获取融资**

城市从市级预算、州（省）级或国家政府转移资金中获得最大份额融资，还使用不同的财政来源为各类粮食计划获得融资。贝洛奥里藏特受益于权力下放，实行了巴西学校供餐计划。该计划由巴西联邦政府教育部资助，基础设施和人员的成本由市政府承担。联邦立法要求将30%的资金用于从小型家庭农场采购。由于贝洛奥里藏特增加了具有竞争力的本地采购，从而降低了采购价格以及运输和分销成本，节省了大量开支。贝洛奥里藏特1995年推出了由"粮食供应秘书处"（SMAB）管理的1 780万美元粮食预算，其中46%来自联邦政府财政转移（大部分用于学校供餐），45%来自市政融资，剩余9%来自该市餐厅和食品篮子计划收入以及粮食市场的许可费。1995年，该市800万美元的市政融资占市政预算的1.65%（Coelho等，1996）。1998年，市政粮食支出占城市预算的0.95%；粮食计划收入占城市粮食总预算的11%。

在首尔，大都市政府预算的9个市政部门和2个机构为"粮食总体规划"提供资金。同样，对于学校供餐计划，首尔市教育局、首尔大都市政府和其所管辖的25个自治区的预算分别为该计划提供50%、30%和20%的资金。韩国国家政府330万美元的配套基金资助了校餐管理支持中心的建设与管理。多个市政部门的融资为基多的"参与式城市农业计划"提供财政支持。

**获取私人资本**

城市开始调动各种私人资源为粮食计划提供融资。为保持与城镇化、不断发展的粮食体系和消费者粮食需求的步伐一致，城市需要建设必要的现代化粮食基础设施并为农产品企业融资。市政债券、公私合作伙伴关系、社会影响力和主权财富基金、混合金融模式以及绿色和气候融资只是资本来源的一小部分。使用不同方法获取相关融资工具，进而为基建项目提供公共投资，带来土地增值。这些融资工具的使用需要得到持续的技术支持。

**调动资源支付薪资**

城市主导型模式在粮食计划实施早期阶段所面临的挑战在于，能否确定资金来源以便为人力资源职位提供资金。筹集资金需要了解政府的运作方式，还要有能力应对以下方面：提出问题和设计举措以满足资金提供者利益、与不同的公私部门和民间组织建立合作关系、驾驭复杂的社会和制度环境。通过从微处着手，城市可以利用机会之窗取得粮食计划实施早期阶段成果，从而推动粮食计划取得成功。与市长办公室和市议会保持定期沟通和合作，这对于使粮食干预举措与政治优先事项、预算和现有计划保持一致非常重要。

巴尔的摩粮食计划启动阶段的融资来自四位资金提供者，巴尔的摩社区基金会（BCF）作为这笔融资的财政代理，为可持续发展办公室的政府承包商职位提供薪资。在一年内，该承包商成为了城市雇员，不再依靠补助金来获取薪资。这笔种子资金使新建的粮食部门能启动粮食干预举措，进而促成了"巴尔的摩粮食政策倡议"（BFPI）。发起该倡议的五位员工中，三位由市政府提供薪资，其余两位的薪资来自捐款。巴尔的摩社区基金会的可持续粮食基金仍然是巴尔的摩的强大资金来源，为额外的人员配备、计划和政策提供财政支持。

从 1991 年到 1998 年，多伦多粮食政策委员会每年从安大略省获得 22 万美元的联合资金，从其他来源筹集超过 700 万美元的资金，这些资金都用于社区粮食项目。自 2010 年以来，"多伦多粮食战略"已能利用慈善基金会和省政府的资金来实施多项粮食干预举措。在温哥华粮食政策委员会的启发下，温哥华用温哥华基金会 50% 的配套资金投资于绿色倡议（MacRae and Donahue，2013）。多伦多市公共卫生部门为多伦多粮食战略主管职位提供 50% 的资金，其余 50% 来自使用费和其他市政部门捐款。多伦多市公共卫生部门的融资，75% 来自安大略省政府，25% 来自多伦多市政府。

案例研究表明，利用地方政府现有工作人员或部门专家来设计和实施粮食干预举措是有效的，如实行权力下放的内罗毕。

**未来的挑战**

展望未来，在小型城镇、二线城市和县城实施成功的粮食计划，需要有效的财政分权和加强公共财政机制，以改善税收、支出管理和跨政府转移支付系统。基础服务的支付能力有限、税基薄弱、财政部门不成熟、地籍系统薄弱以及庞大臃肿的非正式部门等因素加剧了地方政府所面临的挑战。明确地方政府职能和获取融资对粮食计划的成功至关重要，无论是国家政府将权力和资金转移到地方政府还是国家政府只转移责任但不转移决策权（UN-Habitat，2015；Fjeldstad，2006；Hobdari 等，2018；UNDP，2019；UNCDF，2016；UNICEF，2016；Farvacque-Vitkovic and Kopanyi，2014）。

# 附录 3　城市案例研究

## ▶ 案例研究 1　美国巴尔的摩

### 概要

通过严谨的分析并借助绘图工具，制定和实施全面、协调的粮食体系治理方法，旨在解决以下问题：健康状况不佳，难以获得负担得起的营养食物。

**概览**
- 城市主导型粮食体系治理模式。
- 粮食获取、粮食不安全作为切入点。
- 三级治理方法：①政府间合作；②社区组织联盟；③居民顾问小组。该方法在 2016 年赢得了《米兰城市粮食政策公约》（MUFPP）的认可。
- 公平视角下的居民驱动型政策：巴尔的摩有意承认并试图理顺结构性种族主义与粮食获取之间的因果联系，寻求在居民驱动层面上以公平视角来制定和实施政策。
- 支持共同愿景的数据：巴尔的摩通过绘制粮食环境地图这一方式促进了"粮食获取"这一概念的普及，此地图突出了整个城市的"粮食沙漠"。绘图已被用作政策工具，可促进当选官员之间形成对粮食体系治理的共识。

**关键特征**

| | |
|---|---|
| 人口（城市）: | 59.349 万（2019 年） |
| 城市面积: | 238.4 平方千米（2010 年） |
| 城市类型: | 市政府 |
| 城市粮食部门归口: | 规划部 |
| 领导人: | 当选市长 |
| 城市 GDP: | 2 050 亿美元（2019 年） |
| 粮食政策开始实施时间: | 2010 年 |

注："粮食政策开始实施时间"是指市政府、民间组织和私营部门开始加大力度参与解决粮食问题的大致日期。

巴尔的摩因先进和灵活的粮食体系治理方法而享誉国际（Messner，2012）。分析表明，该市着手解决粮食获取和粮食不安全问题；聘请了美国首批粮食政策主管中的一位主管；发起了"巴尔的摩粮食政策倡议"（BFPI）；继续完善政府和社区组织之间的协作结构。该市采取城市粮食政策和治理的综合方法，来解决居民健康状况不佳和难以获取粮食的问题，并借助粮食体系绘图工具获得信息支持。

**机构和治理**

巴尔的摩市的粮食计划逐步发展完善,通过非正式程序,在民间组织和市政部门之间成立工作协作小组,动员参与者并启动粮食干预措施。2009年,巴尔的摩市长召集成立了一个"粮食政策任务小组",小组由市卫生专员、市规划部主任以及来自公共部门、食品零售、高校和民间组织的其他代表组成,致力于改善巴尔的摩严峻的粮食状况。小组发布了一份报告,包含了解决健康和可持续粮食问题的十大目标。巴尔的摩认识到,粮食问题无法仅靠一家政府机构牵头就能解决,鉴于此,2010年该市设置了粮食政策主管这一职位,此全职岗位主要负责利益相关者的能力建设并促进跨部门协作。此外,巴尔的摩市规划部可持续发展办公室的职能某种程度上也促进了跨部门协作。这种协作加深了市长、市政部门与"巴尔的摩粮食政策倡议"之间的联系。

粮食政策主管到职后的首要行动是发起"巴尔的摩粮食政策倡议",这是巴尔的摩市规划部、市可持续发展办公室、市卫生部和巴尔的摩发展公司之间的跨部门协作。立足系统全面的粮食体系治理方式,"巴尔的摩粮食政策倡议"能够推动相关规划。"巴尔的摩粮食政策倡议"如同一家"政策商店",通过市、州和联邦政府的政策调整,为应对该市的粮食挑战提供政策方案(Freishtat,2019)。该倡议也有助于就粮食问题和粮食议程可持续性开展频繁互动交流。巴尔的摩随后还成立了"粮食政策行动联盟",为相关组织和机构加入"巴尔的摩粮食政策倡议"提供机会。2016年,该市成立了居民粮食公平顾问小组,保障居民能更好地发声。这种结构使巴尔的摩能够灵活应对不断变化的需求,并通过利益相关者的广泛参与来完善粮食体系。

在"巴尔的摩粮食政策倡议"下,大量相关工作已经启动。一方面,这些工作影响了巴尔的摩所在州和联邦政府的相关政策;另一方面,这些政策也将会影响巴尔的摩。在州政府层面,相关立法允许巴尔的摩进行税收抵免,确保在更大的拨款范围内为巴尔的摩优先事项提供资金,并将粮食获取这一优先事项纳入更宏大的法案之中。在联邦政府层面,巴尔的摩促进了"补充营养援助计划"等项目的实施和一个试点项目的创建。这一试点项目允许零售商接受在线支付购买粮食,巴尔的摩是首批试点城市之一。

巴尔的摩是最早签署《米兰城市粮食政策公约》(MUFPP)的城市之一,并于2016年因其三层治理方法——政府间合作、社区组织联盟、居民顾问小组——荣获《米兰城市粮食政策公约》治理奖。该方法的工作原理如下:"巴尔的摩粮食政策倡议"促进机构间相互协作(由3个关键机构的5名工作人员组成)以发展战略伙伴关系,同时向15家机构提供技术援助,这些机构也参与粮食体系政策、战略和计划的实施。"粮食政策行动联盟"是巴尔的摩版本的粮食政策委员会，由巴尔的摩 60 个利益相关者社区组织组成。"粮食政策行动联盟"每季度召开一次会议，就"巴尔的摩粮食政策倡议"提出政策议题、问题解决方案并制定议程。此外，该联盟还发挥着联络机制的作用。

2016 年，巴尔的摩建立了一个由 16 名居民粮食公平顾问组成的小组，向协作治理迈出了重要一步（Quaglia and Geissler, 2018）。这些顾问作为社区联络员，为当地政策的制定引入公民呼声和生活体验。这些顾问都是当地居民，定期与"巴尔的摩粮食政策倡议"团队会面，为街头小店、粮食和公共住房等政策问题带来民众呼吁和底层真相。"巴尔的摩粮食政策倡议"团队制作简报，协助顾问小组履行职责，并为顾问付出的时间和专业知识支付报酬。顾问小组有机会向包括市长和市议会在内的市领导层提出建议，并让"巴尔的摩粮食政策倡议"发挥应有作用。由于顾问小组"小型食品零售策略"的建议，"健康食品优先领域基金"被纳入"巴尔的摩粮食政策倡议"框架下进行管理。

**方法**

政策规划

巴尔的摩有效利用机会主义方法处理粮食议题，超越了传统的粮食干预举措范围，解决了该市的关键粮食问题。例如，巴尔的摩提供税收优惠以鼓励现代超市扩展到那些缺乏新鲜果蔬的社区。2016 年巴尔的摩更新的区划法规影响了土地利用规划。这使得"巴尔的摩粮食政策倡议"能够开发一种用地方式来巩固和支持城市农业，包括城市和城郊农业及社区管理下的开放空间。而在此之前，这些空间并未被允许或有条件地利用。此外，更新后的建筑规范允许修建高隧道设施，这使得现有的城市农场能够显著扩大规模，并向农民表明该城市对城市农业的大力支持。

巴尔的摩"可持续发展计划"影响了其他几个有关粮食体系治理和粮食获取的计划，包括一项区域交通计划和一项综合计划。巴尔的摩"紧急粮食工作组"还为该市的《紧急行动计划》制定了正式的粮食协定。这项工作由粮食体系规划员负责。作为粮食相关应急响应的联络人，规划员向粮食政策主管和紧急行动中心报告工作进展。

在 2019 年进行更新后，如今的巴尔的摩"可持续发展计划"囊括了关于粮食体系和城市农业的特定内容，以便与可持续发展目标保持一致。该计划是根据 1 000 多名利益相关者的反馈而制定的，并明确要求实施计划的机构和组织以公平视角开展工作。跟踪粮食干预措施的进展依赖于强大的结果框架、可靠的基础数据、具有成本效益的数据收集、及时和广为传阅的工作进展报告，以便将结果传达给地方政府官员和利益相关者。

### 公平和多样化的象征

自 2015 年发生暴动以来（译者注：指发生于 2015 年 4 月的巴尔的摩暴动，因非裔美国人弗雷迪·格雷之死而产生），"巴尔的摩粮食政策倡议"（以及整个规划部）更有意识地承认并解决结构性种族主义与粮食获取之间的因果关系，寻求在居民驱动下以公平视角制定和实施政策。非政治框架有助于确保最初的机构联盟成员达成实质上的协议并扩大联盟范围，以便涵盖更多由有色人种领导的组织和基层行动。

### 计划

巴尔的摩制定粮食计划时结合了城市主导型模式和机会主义方法。巴尔的摩采取了能够催生"速赢"的行动，开创了如何合作、设计和实施粮食政策或计划的先例。城市还寻求确定那些需要更新的各类政策工具，例如许可证和采购合同，或市政部门可以采取的行政手段。粮食部门的专业人员也可以考虑提高采取行动的频率或速度，这些行动的批准过程相对较短且行政手续较为简单。

巴尔的摩制定了一种结合政策和计划干预的综合方法，通过城市农业计划和城市可持续发展计划支持城市和城郊农业。作为"巴尔的摩原产"（Homegrown Baltimore）倡议的一部分，巴尔的摩可持续发展办公室的一名环境规划员与住房、娱乐和公园部以及公共工程部开展合作，以促进本地粮食作物的生产、销售和消费。此外，该倡议还评估了适用于城市和城郊农业的公有土地。按照土地位置、土地面积、农艺特征、经济发展、社区问题和需求等方面的适宜性标准，该市向符合条件的农民提供了 5 年土地租约（每年都有腾空通知），每年租金 100 美元，且对非营利性农场不征税。巴尔的摩这一举动改变了州级政策，以便为营利性农场提供城市农场税收减免。该市制定了一套土壤安全标准，还为城市农场和花园的供水提供便利。

### 资源和财务的可持续性

巴尔的摩善于抓住机会并利用城市粮食计划的启动资金，"巴尔的摩粮食政策倡议"就是一个范例。该倡议从只有一名员工（现任主管，最初被聘为顾问）发展为拥有六名由城市支付薪资的员工。巴尔的摩这一安排的独特性源于该市与"巴尔的摩社区基金会"（BCF）下可持续粮食基金之间的关系。"巴尔的摩社区基金会"的成立是为了支持粮食政策工作，成立之初还为粮食政策主管职位提供资金。尽管许多资助机构通常只狭隘地聚焦于他们提供资金的那些议题，但城市一般可以从多种来源获取资金。四位专注于公共卫生、粮食安全和城市发展的资助者同意共同提供 7 万美元的初始资金，用于支付粮食政策主管的薪资，这笔资金由"巴尔的摩社区基金会"担任财务代理。这一慈善资金被用于证明粮食政策主管这一职位的正当性，促使城市为粮食政策主管提供薪酬。

一年之内，粮食政策主管变成了城市雇员，不再依靠慈善基金获得薪资。城市与可持续粮食基金之间的关系使得粮食政策主管能够编写建议书，如关于增加人员配置以及城市实施计划和政策的建议，直到新增工作人员最终获得城市资助的职位。这使巴尔的摩能够在全美境内成立人员规模较大的机构，专门从事粮食政策研究。2019年，巴尔的摩市成立了"健康食品优先领域基金"。这一基金在"巴尔的摩粮食政策倡议"框架下被用于向社区组织提供拨款，以落实"小型食品零售策略"。该基金还向支持本市粮食体系愿景的项目提供拨款。

### 数据详情

虽然一些城市通过社区组织联盟向市政府施压以解决粮食获取问题，但巴尔的摩成功明确了其需求。巴尔的摩利用现有研究来推动和明确行动，确定优先事项，迅速采取行动，并重点关注可持续性。2008年，约翰·霍普金斯大学宜居未来中心（CLF）开发了粮食环境绘图工具。2012年，"巴尔的摩粮食政策倡议"和约翰·霍普金斯大学宜居未来中心联合发布了城市粮食环境地图。该中心通过与其他组织合作从政府数据库收集数据。城市粮食环境地图包括175个数据指标，涵盖超市、粮食储藏室和农场的位置，以及生活在粮食无法得到保障地区的人口比例（Pincus，2017）。2015年，"巴尔的摩粮食政策倡议"为每个市议会区和州立法区创建了粮食环境简报，以便政策制定者能全面了解所在地区的粮食状况，由此制定新的粮食政策并增加城市粮食资金。

## ▶▶ 案例研究2　巴西贝洛奥里藏特

### 概要

综合方法：通过多级公共举措解决粮食不安全和营养不良问题，将粮食安全作为主要议程纳入公共政策，促进利益相关者的强有力参与，确保城市粮食体系治理的连续性。

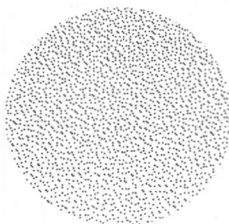

**概览**

- 混合型粮食体系治理模式。
- 以消除饥饿和贫困为切入点。
- 资源权力下放允许市政府推动实施许多城市牵头的社会进步计划，而这些以前是由联邦政府管理的。
- 通过市政府多部门整合粮食政策。
- 各级政府制定政策，持续性参与治理。

**关键特征**

| | |
|---|---|
| 人口（城市）： | 250 万（2019 年） |
| 城市面积： | 330.9 平方千米（2010 年） |
| 城市类型： | 市政府 |
| 城市粮食部门归口： | 市粮食与营养安全秘书处 |
| 领导人： | 当选市长 |
| 城市 GDP： | 883 亿美元（2016 年） |
| 粮食政策开始实施时间： | 1993 年 |

　　巴西已成为衡量一个国家对粮食安全承诺的国际基准。2003 年巴西启动的"零饥饿"战略将消除饥饿和贫困列为国内议程的主要目标。巴西政府通过了《国家粮食与营养安全政策》，承认所有公民享有获得充足优质粮食的不可剥夺权利。巴西结合紧急措施和规划实施《国家粮食与营养安全政策》，以重新分配收入、促进粮食生产和创造就业机会。然而，10 年前，这些目标和原则已被贝洛奥里藏特市纳入粮食与营养安全计划。当贝洛奥里藏特在 1993 年启动其著名的城市粮食计划时（比巴西联邦政府将食物权利纳入宪法早 17 年），该市将粮食安全作为一项人权，即所有公民终生都有权获得充足优质的粮食。贝洛奥里藏特市政府担负着为所有公民维护这一权利的责任。贝洛奥里藏特的城市粮食计划与巴西的国家"零饥饿"战略相辅相成，通过混合型粮食体系治理模式来解决粮食供应问题。

　　贝洛奥里藏特采用总体规划的方式，成功地将粮食政策整合到市政府多个部门。贝洛奥里藏特市政府设立了专门的粮食部门，制定了世界上最早的整合型粮食安全政策之一。虽然贝洛奥里藏特市政府经过多次换届，但这项政策延续了 25 年以上。贝洛奥里藏特开创性的粮食政策通常被视为整合型和区域导向型方法的典范，并已成为巴西政府 2003 年推出的"零饥饿"战略的实施范例。设立专门的市政部门"粮食供应秘书处"（SMAB）（即之后的"粮食与营养安全秘书处"（SMASAN），是取得成功的关键因素。"粮食供应秘书处"协调多个传统市政部门（教育、卫生、社会服务、空间规划）以制定和实施城市粮食安全计划。该秘书处的行动方式和制度理念（维护公民食物权的公共责任）极大地提升了贝洛奥里藏特粮食体系的社会公平性和包容性。

根据 2006 年颁布的《国家粮食与营养安全法》，巴西制定了《国家粮食与营养安全政策》，并邀请各级政府（联邦、州和市）参与建设"国家粮食与营养安全体系"（SISAN）。贝洛奥里藏特粮食安全战略的关键部门是"粮食供应秘书处"，其主要计划包括：

- 校餐计划：在对该计划实施权力下放后，联邦资金被转移到市政府，显著提高了成本效益。

- 供应计划：市政府允许持有许可证的贸易商在指定区域销售果蔬，前提是提供至少 20 种固定削价的产品。

- 农村和粮食收成直供运动：旨在促进农村小生产者和城市消费者之间的直接互动。

**机构和治理**

巴西联邦政府决定将计划实施的责任下放给贝洛奥里藏特市政府，这促使该市加强了对城市粮食议题的参与。1993 年，当贝洛奥里藏特启动城市粮食计划时，市政府成立了"粮食供应秘书处"作为该市新兴粮食计划的领导部门，以减少粮食不安全并应对传统粮食体系的失灵。

1998 年，贝洛奥里藏特市"粮食供应秘书处"有 135 名正式职工，另有 126 名合同工。该部门雇佣了营养学家、社会工作者、粮食技术人员和经济学家作为技术人员。通过创建这一拥有专门预算的单独部门，贝洛奥里藏特市政府将所有粮食干预措施的规划、协调和执行集中在这一部门，从而将粮食安全作为主要议程纳入市政公共政策。这明确表明，粮食安全是贝洛奥里藏特市的优先事项。

在创新型粮食政策和体制框架的背景下，巴西建立了强大的纵向协调机制，以改善粮食与营养安全的状况。1993 年，贝洛奥里藏特作出了初步尝试，并得到了巴西联邦政府启动的"零饥饿"战略的支持。2006 年，根据《国家粮食与营养安全法》，巴西制定了国家粮食与营养安全政策。民间组织广泛参与粮食政策和计划的设计、执行和监督，民间组织的远见性承诺以及粮食政策的跨部门性质为创建巴西"国家粮食与营养安全体系"提供了指导。

贝洛奥里藏特非常高效，擅长确保各个政府机构和民间组织之间的强有力协调，以解决粮食安全问题。例如：

- 成立于 2003 年的贝洛奥里藏特市"粮食与营养安全委员会"（COMU-SAN）由 24 名成员组成，这一顾问性质的委员会是民间组织参与"粮食与营养安全秘书处"计划的平台。该委员会的成员中有三分之一是市政部门的代表，其余三分之二来自教育和研究部门、社会运动组织、消费者团体、农业从业者和其他专业组织。该委员会制定、实施和监督粮食计划，并得到了"粮食与营养安全秘书处"秘书的支持。

- 监督个别粮食计划的委员会由多部门代表组成，例如"学校膳食委员会"（CAE）。根据巴西联邦立法，"学校膳食委员会"负责监督市级学校供餐计划的实施情况。在贝洛奥里藏特，"学校膳食委员会"有来自市政府的代表（由市长任命），还有教育工作者、家长、教师和民间组织的代表。

- "贝洛奥里藏特粮食与营养安全部际商会"（CAISAN-BH）是一个跨部门机构，成立于 2015 年，旨在满足"国家粮食与营养安全体系"提出的要求。该商会成立的目的是在"粮食与营养安全秘书处"的协调下，让其他市政部门发挥正式作用，并确保整合性和透明度。它由来自"粮食与营养安全秘书处"和社会政策、卫生、教育、社会援助、公民权利和环境部门的公务员组成。在"国家粮食与营养安全体系"下，"贝洛奥里藏特粮食与营养安全部际商会"承担与贝洛奥里藏特市"粮食与营养安全委员会"保持协调的法律义务，商会与委员会成员的身份重叠有助于这种协调。根据贝洛奥里藏特市"粮食与营养安全委员会"的会议成果，"贝洛奥里藏特粮食与营养安全部际商会"负责制定市粮食与营养安全政策和计划。因此，贝洛奥里藏特市"粮食与营养安全委员会"在确保公众参与政策制定方面发挥着至关重要的作用，这能使其了解民众的实际需求和优先事项，同时兼具高度合法性。

### 方法

#### 政策规划

贝洛奥里藏特市实行开创性的粮食与营养安全政策，并创建了"粮食供应秘书处"。"粮食供应秘书处"的最大成就是将粮食安全作为主要议程纳入市政公共政策。

作为一个连续 25 年实施成熟粮食计划的城市，贝洛奥里藏特的经验强调了市、州和联邦政府持续性政策参与的重要性，还强调了如何应对粮食计划实施过程中的新挑战，无论是通过新法规还是修订现有法规。在贝洛奥里藏特成立"粮食供应秘书处"10 年后，巴西联邦政府于 2003 年制定了"零饥饿"战略。该战略重新建立了由民间组织领导的"国家粮食安全委员会"，启动了巴西里程碑式的粮食安全政策架构工作：通过几项联邦法律和法令，制定《粮食与营养安全法》（2006 年）、国家粮食与营养安全政策，并修改《巴西宪法》将食物权作为人权纳入其中（2010 年）。

贝洛奥里藏特提升粮食安全的努力始于将粮食需求与其他议题相联系的规划：健康食品教育；提高选定营养食品购买便利性的市场监管；缩小当地生产者和消费者之间的距离；提供负担得起的营养餐的公共餐厅；促进农业多样化和创造就业机会；设立应对粮食损失和废物管理的粮食银行。还应该指出的是，从 2009 年到 2011 年，贝洛奥里藏特市议会批准了一项法律，将城市和城郊农业作为非住宅用地的一种可接受形式，并随后修订该市的城市和城郊农业政策。

计划

国家政策和政治因素是城市实施粮食计划的强大推动力。1993 年，贝洛奥里藏特城市粮食计划的启动和实施恰逢巴西联邦政府公布"零饥饿"战略。在此基础上，团结、伙伴关系和权力下放的原则也被纳入贝洛奥里藏特的粮食计划。"零饥饿"战略对"反对饥饿和支持生命的公民运动"下的民众动员、政治压力以及巴西劳工党提出的具体建议作出了回应。

1988 年巴西新宪法规定的资源权力下放也促进了贝洛奥里藏特粮食计划的实施。这使得该市能实施许多可以由城市主导的社会进步计划（以前由联邦政府管理），特别是由联邦政府资助的校餐计划，这些计划在当地粮食供应商的支持下由市政府以超低成本管理。

2011 年贝洛奥里藏特实施的国家粮食与营养安全政策将该市对公民食物权的承诺转化为五个计划，以应付对公民食物权具有重大影响的因素——城乡连续统一体的分配和消费。这五个计划致力于：

- 支持家庭农业；
- 以实惠的价格提供优质粮食；
- 消除饥饿和营养不良；
- 促进当地粮食消费和城市农业发展；
- 提高农村地区的生活质量。

贝洛奥里藏特的创新型粮食安全政策和计划促成了对粮食体系治理的整合性思考。这些政策和计划在 20 世纪 90 年代由贝洛奥里藏特"粮食与营养安全秘书处"负责。贝洛奥里藏特避免以分门别类的方法解决以下问题：教育部门的"为饥饿学生提供食物"，或社会援助部门的"为亟需之人提供食物"，或商务部门的"为消费者提供食物"，或农业部门的"农民提供食物"。相反，贝洛奥里藏特将粮食体系的所有涉及方面、组成部分和目的整合到三个平行且相互关联的计划之中：

- 针对粮食不安全的家庭，实行补充性粮食援助；
- 调节健康主食的价格，将私营部门与粮食获取困难地区联系起来，提供公平的粮食获取途径；
- 向当地和小规模粮食生产者提供技术上和财政上的激励措施，以促进城市内部和郊区的粮食生产。

贝洛奥里藏特的战略是与其他市政部门合作实施粮食计划并接触目标公众。2004 年，巴西"零饥饿"战略出台后，贝洛奥里藏特与巴西联邦政府合作扩大了粮食计划的实施范围。

使用公共采购

贝洛奥里藏特与私营部门合作进行公共粮食采购，以此来解决粮食体系的失灵。固定和非固定的私营粮食供应商将以议定价格向以前被商业网点忽视的城市地区出售营养食品；作为交易的一部分，私营粮食公司可以在一周内的某个时间段在盈利更多的中心地点开展业务。粮食主题教育贯穿所有粮食干预举措的实施过程，有助于保持计划的连续性和可持续性。公共教育活动涉及食品营养、良好的饮食习惯、食品安全、食品加工处理和展示、环境可持续性和作为人权的粮食安全等。

**构建合法性**

贝洛奥里藏特必须克服公众对政府腐败、政府低质量和低效率服务的成见。为更能获得负担得起的营养食物，粮食计划的有效执行取决于相关工作人员的积极性、责任感和称职度。贝洛奥里藏特的经验也凸显了懂技术、行政能力强、经验丰富、积极主动的员工的重要性。贝洛奥里藏特市"粮食供应秘书处"政府工作人员的思想动力和政治献身精神也发挥了积极作用。

此外，政府工作人员要保持决心和自豪感，证明市政府能以透明、廉洁的方式为穷人提供优质粮食。这一目标需要关注细节，以确保高营养标准和保证干净安全的粮食供应，这是粮食计划的标志。以上要素能使一个资历平平但敬业的政府工作人员高效实施粮食计划，帮助城市在短短几年内取得改善粮食安全的巨大成就。

贝洛奥里藏特计划将粮食生产者和消费者直接联系起来，旨在解决安全和营养食物的供应问题，从而为生产者提供获取更高收入的机会，并让消费者更能获得负担得起的优质食品。凭借"农村直供"计划，通过公共程序选定的农村生产者被分配到整个城市的固定销售点来销售农产品。1999 年，来自贝洛奥里藏特附近 10 个自治市的 36 个农村粮食生产者参加了这一计划，以比其他商店更低的价格提供各种新鲜的蔬菜和水果。通过"农村直供"等计划以及对整个城市农贸市场的支持，贝洛奥里藏特农村粮食生产者的新鲜果蔬销售量大大超过超市销售量，这是巴西唯一一个完成此创举的主要城市。由此，城市消费者更容易获得负担得起的优质新鲜果蔬，而低收入农村粮食生产者获得了市场销路，从而减缓了贫民向城市贫民窟迁移的趋势。

贝洛奥里藏特城市供应中心占地 1 万平方米，农场粮食生产者每年通过零售和批发的形式在该固定市场交易四万吨农产品。贝洛奥里藏特"粮食供应秘书处"还发起了一项"绿篮子"计划，借此充当医院、餐馆和其他愿意直接采购农村果蔬的客户之间的中介。

多方利益相关者的参与

在贝洛奥里藏特粮食计划的早期，"反对饥饿和支持生命的公民行动"动员人们行使公民权利并与巴西的营养不良和贫困作斗争。这一巨大的成功部分归因于其发起者和最知名社会活动家之一赫伯特·德·索萨。在一项全国性调查中，他被评为最受尊敬的巴西人（甚至领先于巴西足球明星贝利）。公民渴望推动具有崇高道德价值观的政策。在巴西专制政权统治多年之后，公民运动提供了一个机会，以动员社会各个阶层朝一项共同事业而努力。巴西强大的中产阶级对粮食安全问题的支持进一步推动了相关的政治行动。

贝洛奥里藏特市"粮食供应秘书处"的主要合作伙伴包括其他政府部门（尤其是公共卫生、教育和环境）、私营部门（小农、粮食生产商和商店经营者）、非政府组织（公民运动、替代技术交流网络等）、慈善团体（日托中心、社区中心和疗养院）、社区协会和米纳斯吉拉斯联邦大学（为"粮食供应秘书处"的每月基本粮食配给收集数据）。如此广泛而强大的伙伴关系网是保证贝洛奥里藏特市"粮食供应秘书处"粮食计划连续性的关键因素。到 2000 年，贝洛奥里藏特市"粮食供应秘书处"历经两次政府换届而得以存续，粮食计划不再被视为供某一政党参加竞选或当地有影响力人物借题发挥而使用的"万能牌"。

### 权力下放对社会计划的益处

权力下放使曾经由联邦政府主导的一些社会计划受益。对于有巴西联邦政府资助但由贝洛奥里藏特"粮食供应秘书处"管理的校餐计划，这种影响尤为明显。权力下放可以节省大量资金（例如运输成本和大宗食品采购），并为当地供应商提供支持。自 1954 年以来，巴西教育部就实施了校餐计划。2017 年，该计划为贝洛奥里藏特的 218 所公立学校的 15.5 万名学生提供了 4 000 万份校餐。每个孩子每天获得的联邦食物资助约为 0.09 美元。贝洛奥里藏特市政府承担基础设施和人力等所有其他费用。贝洛奥里藏特"粮食供应秘书处"增加了该计划的潜在供应商数量，以便在采购时获得具有竞争力的更低价格。尽可能多地在当地生产商和企业中招募供应商，能显著降低运输和分销成本，同时刺激当地经济发展。巴西联邦政府的创新型公共粮食采购立法要求将 30% 的资金用于从小型家庭农场采购。通过与巴西联邦政府的合作，例如校餐计划中的合作，贝洛奥里藏特市提高了成本效益，将"粮食供应秘书处"及其所有计划的总成本降到不足市政预算的 2%。

数据详情

贝洛奥里藏特建立了当地合作伙伴关系网，以分析数据并完善与城市粮食有关的知识结构。贝洛奥里藏特市"粮食供应秘书处"每周公布两次全市 40 家商业机构（超市）的 45 种基本家庭消费品（36 种食品、5 种个人卫生用品和 4 种家庭清洁剂）的价格。米纳斯吉拉斯联邦大学帮助收集贝洛奥里藏特市"粮食供应秘书处"月度基本粮食配给数据。该大学研究人员编制的清单已分发给报社，并张贴在整个大都市区的公共汽车站。这些信息也可以通过电话或互联网访问获取。该倡议的目的是告知并指导消费者在何处可以找到最低价格的基本农产品，从而增加企业之间的竞争。

## ▶▶ 案例研究 3  秘鲁利马

### 概要

保持国家和地方的城市和城郊农业政策相互协调是粮食安全和粮食体系韧性整体战略的一部分，在支持公共部门、私营部门和民间组织就粮食议题发起讨论和相关行动方面，国际组织发挥着重要作用。

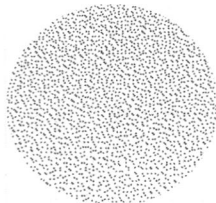

**概览**
- 国家主导型粮食体系治理模式。
- 以粮食安全和消除营养不良为切入点。
- 市级粮食政策与《秘鲁国家粮食安全战略》保持一致，包含在城市立法框架内。
- 提升各利益相关方的粮食安全意识并开放对话，从粮食体系的不同维度提出关切，加强其他不了解粮食体系问题的行动者的相关认知，这有助于鼓励更明智的实践。
- 众多国际组织的参与和与国家粮食安全政策保持协调是有益的。

**关键特征**

| | |
|---|---|
| 人口（城市）: | 890 万（2017 年） |
| 城市面积: | 800 平方千米（2010 年） |
| 城市类型: | 大都市政府 |
| 城市粮食部门归口: | 经济发展与社会管理部 |
| 领导人: | 当选市长 |
| 城市 GDP: | 199.8 亿美元 |
| 粮食政策开始实施时间: | 2012 年 |

推动利马改进粮食体系治理的因素有很多。恶劣天气、地震和干旱的影响促使利马更加关注粮食体系的可持续性和粮食安全。近期厄尔尼诺现象等气候异常事件以及全球气候变化突出了利马粮食体系存在的短板，如粮食配送物流短缺或其他问题。从社会角度来看，这些环境因素影响着民生、粮食供应及对粮食安全的整体参与度，需要努力改善粮食的分配或获取。然而，环境因素及

其社会影响并不是利马解决粮食体系问题的唯一动力。消除贫困和营养不良也是驱动因素。这些因素构成了秘鲁国家层面关键战略的一部分。

粮食体系治理的切入点过多会让情况变得非常复杂，但也有助于逐步提高公众对粮食安全问题的认知和关注。显然，人们对粮食体系的理解是有限的。在利马市经济发展与社会管理部的领导下，利马启动了粮食体系治理的综合方法，并创建了一个多方参与者平台和一个核心小组，以确定相关行动的优先顺序和计划的协调。利马市附近的农村地区和组织被纳入粮食计划中，以保护有价值的农田、规划新市场和缩短粮食供应链。立法框架也涵盖与《秘鲁国家粮食安全战略》相一致的市级政策。

**机构和治理**

利马市的政策、计划和粮食标准与国家的计划、法规和政策遥相呼应。2002 年，利马市成立了跨部门粮食安全委员会，以制定国家粮食安全战略。作为市政府的监管机构，市议会通过相关法案并将其转化为法令。城市农业平台、市环境委员会和扶贫圆桌会议作为对话机制，为粮食计划提供讨论和最终决策的空间。

**方法**

与国家计划和立法保持一致

国家立法为利马市参与粮食体系治理提供了框架和背景。其中包括：

• 1992 年秘鲁创建了"国家粮食援助计划"（PRONAA），旨在为学生提供免费事物。这一计划建立了不同的粮食援助方式，这些方式被归为粮食补充计划。

• 2009 年制定的"Articulado 营养计划"旨在消除 5 岁以下儿童的慢性营养不良。

• 作为发展和社会包容部相关计划的一部分，2012 年制定的国家学校供餐计划"Qali Warma"为公立教育机构的儿童提供食物。

•《秘鲁国家粮食安全战略（2012—2021 年）》和《市政组织法（第27972 号法律）》赋予利马市政部门在粮食安全问题上更大的权力和职能，并作为利马环境管理、粮食安全、社会包容和地方经济发展战略，为利马 2012 年颁布关于城市和城郊农业的第 1629 号法令奠定了基础。

已实施的国家计划为利马制定粮食可持续性计划提供了强有力的框架。由秘鲁国家主导的"国家粮食援助计划"通过"粮食补充计划"得以实施，秘鲁于 2009 年将这一补充计划实施权力下放至利马市。同样，通过当地采购和学校供餐委员会，秘鲁针对小学生的全国学校供餐计划"Qali Warma"由利马市政部门下属的相关单位实施，并由当地利益相关者进行协调。

政策规划

2011 年，利马市长将城市和城郊农业作为粮食安全战略愿景的一部分，试图为新的城市发展模式奠定基础，并在城市规划中将城市和城郊农业与土地利用紧密结合。2012 年，市长办公室认识到，在市内区域实行粮食生产对社会经济发展和改善最贫困地区公民的饮食具有重要意义。这种对新型城市发展模式的政治支持和愿景促使对用地条例作出修改。

作为利马可持续城市发展总体战略愿景的一部分，市政府通过第 1629 号法令批准了大都市环境政策。该法令作为激励机制：①在可用的私人住宅和市政机构的屋顶、墙壁、学校、住宅和生产性绿地上实施城市和城郊农业；②支持与城市农业中固体和液体废物处理和再利用有关的其他举措。利马市第 1629 号法令界定了城市和城郊农业、粮食作物和非粮食作物的农业生产实践，还界定了按照动物健康法和区划法饲养小型牲畜的程序，旨在促进安全生产和销售粮食和动物饲料（利马大都市，2017）。

通过第 1640 号法令批准的大都市区环境议程将城市和城郊农业纳入其目标，以保护为城市提供环境便利的城市山谷，并通过在可持续用地上推行城市农业来保护和增加生产用途绿地。此外，《协同发展计划（2012—2015 年）》将城市和城郊农业作为城市规划工具。此项计划设定了战略目标，例如设定人均享有的绿地面积、保护城市南部的农业山谷，以及将城市农业纳入绿地和城市公共空间，以作为改善利马人口生活质量的一项战略（Cabannes and Marocchino，2018）。

计划

利马实施粮食计划的方法源于传统的国家主导型模式。除了预算支持外，国家政府还向利马市政府提供粮食安全方面的员工培训和技术援助。秘鲁卫生部环境卫生局为利马提供有关粮食安全控制和监测的能力建设计划。

帮助利马解决城市粮食体系问题的国际支持计划之一是 NADHALI，该计划全称为"城市地区发展可持续粮食体系项目：内罗毕（肯尼亚）、达卡（孟加拉国）和利马（秘鲁）整体试行方法"。NADHALI 计划支持关键粮食部门构建模块的开发：愿景、城市和国家部委的支持、广泛的利益相关者参与、前瞻性计划。在这一背景下，该计划最重要的贡献是开辟了就粮食安全进行对话和讨论的空间，从粮食体系的不同维度提出关切，并拓展了不了解粮食体系的行为者的相关认知。

多方利益相关者的参与

在面临不同的环境和社会粮食体系挑战时，由于各种利益集团和行为者之间的相互影响，直接参与粮食生产、获取和使用的行为者之间可能会产生社会、政治和经济方面的矛盾。

粮食体系治理的利益相关者通过各种论坛参与对话和决策。民间组织主导的城市农业平台为60个粮食生产者组织、民间组织和大学之间就城市和城郊农业相关问题进行对话提供了空间。利马市政府通过不同的委员会（包括市环境委员会和扶贫圆桌会议）与粮食体系参与者进行协商。

在NADHALI计划下，联合国粮农组织成立了一个由民间组织和私营部门组成的非正式小组，就城市粮食问题向该计划提供建议。以此为基础，利马市的一名粮食安全顾问成立了另一个小组，就粮食体系政策和教育交流等方面向该市提供建议。这一小组许多成员来自于联合国粮农组织成立的非正式小组。

与国际组织接触、与国家计划保持一致以及利用多方利益相关者平台的能力，这些是利马取得成功的关键因素。跨部门交流很有价值。对一个粮食部门代表来说重要的事情，例如当前的市场危机，可能与民间组织代表关注的议程完全不同。将这些参与者汇聚一起有助于开启对话，并就粮食公平和城市粮食空间规划等问题进行协商。

*数据详情*

利马市与联合国粮农组织和利马大学合作开展了"城市粮食体系快速评估"。基于联合国粮农组织的"城市粮食体系快速评估工具"（RUFSAT）结合了价值链、地域和地理空间分析，其评估结果突出了粮食体系面临的几个挑战：由于粮食市场功能协调不足导致的高成本物流和运输；粮食体系参与者缺乏对粮食安全的了解；饮食习惯导致的利马各地区营养不良和肥胖症的流行；城乡之间的社会经济不平等。"城市粮食体系快速评估"凸显了活跃在利马动态饮食文化中的新兴正式和非正式粮食议题参与者（Lazarte and Méndez，2018）。评估结果有助于利马制定《粮食宪章》，并支持利马实行有关粮食体系的计划、政策和治理。受"城市粮食体系快速评估"结果的启发，利马还开发了一种虚拟的、用户友好型的交互式工具，允许公开访问粮食数据、地图和结果。该工具帮助民间组织免费获取和使用相关信息，以便他们在城市粮食问题方面开展工作。

## ▶▶ 案例研究4 哥伦比亚麦德林

**概要**

将粮食安全作为一项公共政策并形成制度，建立市级粮食安全专职部门。通过跨机构工作组加强城乡联系，以保障粮食安全。

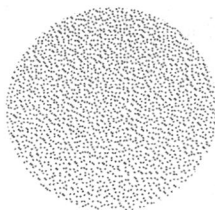

**概览**

- 以粮食与营养安全为切入点。
- 制定有力的城市主导型粮食与营养安全政策，重点关注本地粮食采购；市长积极履行承诺。
- 多方利益相关者的参与：麦德林清楚认识到多方参与、共谋粮食安全的重要性。
- 除了联合国粮农组织等外部组织的帮助外，麦德林粮食工作机构的整合也得益于其全面综合的公共政策。

**关键特征**

| | |
|---|---|
| 人口（城市）： | 240 万（2019 年） |
| 城市面积： | 381 平方千米（2014 年） |
| 城市类型： | 大都市政府 |
| 城市粮食部门归口： | 粮食安全部 |
| 领导人： | 当选市长 |
| 城市 GDP： | 330 亿美元（2018 年） |
| 粮食政策开始实施时间： | 2009 年 |

麦德林着手解决城市粮食问题的原因：

- 旷日持久的国内冲突；
- 城市贫困人口的需求，迁入麦德林和安蒂奥基亚省的大量难民的需求；
- 麦德林面临着消除城市、近郊和农村地区间不平等问题的挑战；
- 缺乏条理和统筹的城市规划与低效的粮食供应。

因为以上原因，阿布拉河谷和安蒂奥基亚地区高度依赖外部粮食供给，容易出现供给中断、运费增加、效率低下等问题，最终导致消费者面临高昂的物价（Dubbeling 等，2017）。虽然阿布拉河谷 70%的区域是农村，但是 76%的粮食消费依赖外部供给。人们意识到，地方政府必须进一步承担责任，牵头解决相关问题。

**机构和治理**

麦德林是哥伦比亚第一个设立粮食与营养安全专职部门的城市。麦德林的粮食与营养安全部门设立于 2009 年，每年投入大约 4 500 万美元。市政府在粮食与营养安全的公共政策上发挥着越来越重要的作用，安蒂奥基亚省政府也在 2003 年通过"粮食与营养安全管理计划"，把粮食与营养安全问题纳入公共政策（联合国粮农组织，2016）。连续三任市长都支持麦德林市在参与式发展和社会包容上的努力。此外，众多市政府官员和民间组织人员也受到过"社会城市主义"观念的影响。社会城市主义的愿景是通过促进城市转型、社会包容和平等来根除贫困、暴力和经济下行等问题。

麦德林从制定全面完备的公共政策入手，促进安蒂奥基亚省各政府机构间的合作，使各机构的支持措施形成合力，共同推动本地经济发展，合力破解粮食供需难题。如果没有机构间的协同配合，麦德林就不可能解决粮食问题，也无法实现平等的粮食分配。

为实现这一目标，联合国粮农组织携手城市农业和粮食安全资源中心，创建了跨机构工作组"美好生活联盟"（Alianza por el Buen Vivir），推动安蒂奥基亚省政府、麦德林市长办公室和麦德林都会区地方政府之间的跨部门协作。一些机构负责制定并落实城乡协同规划和项目，"美好生活联盟"工作组通过协调这些机构部门，在政治、行政和经济上发挥协同作用，促进麦德林及其周边区域的政策执行。

### 方法

#### 政策规划

值得注意的是，在过去几十年间，麦德林一直保持着推动城乡一体化发展的政治意愿。1980 年，根据 1979 年第 3104 号法律，麦德林设立了阿布拉河谷大都市区，1985 年又制定了"阿布拉河谷大都市区发展规划"，目的是处理好阿布拉河谷与周边区域日益密切的交往互动。麦德林市议会 2005 年制定的"粮食营养安全主权公共政策"项目，为成立包容性、参与式的粮食安全部门奠定了基础，粮食安全部门又进一步制定各类行动计划，并出台了面向弱势家庭、儿童和老人的具体项目。

安蒂奥基亚省政府的政策与国家社会和经济政策委员会（CONPES）2008年推出的"国家粮食与营养安全政策"保持一致（CONPES，2018）。近些年，麦德林市引领公共政策进程，聚焦粮食和营养，将粮食营养安全视作地区发展的支柱事业，而地区粮食体系对充足的粮食供应至关重要。

麦德林市和安蒂奥基亚省在哥伦比亚发挥了引领作用，率先试行消除饥饿和慢性营养不良的措施，为区域粮食自给自足创造条件。在此背景下，麦德林出台了雄心勃勃的"粮食与营养安全规划（2016—2028 年）"，希望消除饥饿、实现粮食自足。因为粮食的获取和供应在规划中占据战略性中心地位，所以在城乡一体化的框架下理解粮食体系就成了当务之急，对制定城市规划策略尤为重要。而城市规划的出发点有两个：一是促进粮食生产者与本地市场的合作、协调和整合；二是打造更加平等的城乡人口关系。

---

**在应对新型冠状病毒方面的创新：替代性供应链**

借助各种"城市—区域"粮食体系，麦德林市创新推出巩固闭环市场和邻近营销的举措，密切了粮食生产与粮食消费之间的联系。替代性粮食供应方案也应运而生，在人口密集的社区中产生了粮食供应商群体。这些人口稠密社区的粮食由市政府的"城市和城郊菜园计划"供应，这项计划也被称作"粮食供应果园"计划（Orchards for Food Supply）。在疫情之初强制执行隔离政策的两周里（从 2022 年 3 月 25 日开始），这项计划帮助调度了 20 吨粮食。整体而言，这一计划提高了粮食生产者的收入水平，降低了供应商成本，保障了安全的粮食供应渠道。此外，麦德林市议会还积极强化粮食分销渠道，为农民提供了交通运输服务。地方政府通过对接本地粮食生产者和私营企业，从邻近乡镇调度分销了 7 吨以上的粮食。此外，地方政府还推动本地生产者向公共食堂供应粮食，让政策的红利惠及麦德林最弱势的群体。

同时，一些市民和农民也通过 WhatsApp 和其他社交媒体，创建了本地分销渠道网络，向同社区或同乡镇的本地菜场供应新鲜果蔬，从而保持了农业经济的活力。以前更青睐大型超市的消费者，也开始关注和光顾菜市场。此外，其他倡议也得到积极推动，"本地购"（Buy Local）就是一例。"本地购"是一个数字平台，允许生产者在线为"农夫市集"供货。上线第一天，平台访问量就达到 12 000 人次，覆盖了 120 个农贸市场；上线三天，平台就为本地粮食生产商销售了 8.2 吨粮食。

在新冠肺炎疫情中，地域视角和城市—区域粮食体系的概念为麦德林应对危机提供了极大助力，最近也被纳入"麦德林粮食安全营养计划"。麦德林通过链接本市粮食体系的参与者，搭建起替代性供应链，与政府行动形成了合力，推动了地区一体化，从而解决了供应链中断的问题。

最近，安蒂奥基亚省政府提出"粮食安全十二年规划（2020—2031 年）"。这项规划将城市规划考虑在内，力争为安蒂奥基亚地区带来稳定、可持续的粮食与营养安全。规划确定了六大关键战略性领域：①治理；②可持续粮食生产；③可持续粮食分配；④健康和可持续的粮食环境；⑤社会保护——保障获得健康食物的人权；⑥赋能粮食体系的科学技术。

创新型计划

在麦德林为解决粮食体系问题而制定的首批具体计划中，有一项是"城市—区域粮食体系计划"，时间跨度是 2015—2018 年，由联合国粮农组织与城市农业和粮食安全资源中心联合牵头。这项计划认为，城市—区域粮食体系是社会、环境和经济因素互动最活跃的空间，为城市—区域提供了大约 30% 的粮食。对城市—区域粮食体系的深入了解，使得地方部门在危机时期（如新冠肺炎疫情期间）能够基于实证，准确、快速、有效地就粮食问题进行决策，避免社会问题进一步恶化。

总体而言，麦德林旨在为城市边缘非正式定居点的人口改善生活质量，提高连通度，创造更多机会。麦德林优先考虑满足最低收入市民和社区的需求。

投资图书馆、交通设施等公共基础设施，将会带动对周边地区的投资，也有助于提高社会参与度。

土地使用

第 388 号国家法律要求，各市镇应根据本地实际需求，制定用地计划。根据这项法律，麦德林出台了"2006 年麦德林市政府城市管理规划第 46 号协议"。协议包含了区域愿景、政策、项目和计划，旨在实现都市区、次区域和区域的协调发展。这项协议为保护传统农业、维持农田完整性、改善农村卫生和促进有机农业、再造林与生态旅游的发展提供了保障。

2010 年，麦德林为管理和保护生物多样性，创新推出了全国第一个关于城市生物多样性的地方行动计划。麦德林投入了 25 万美元的市政资金和合作伙伴捐助的价值 20 万美元的实物，与一众科学机构和民间组织合作开展了一次创新生物多样性评估，这次评估确定了：①4 478 种植物、昆虫和动物物种，及其在食品、贸易和医药方面的功用；②麦德林居民最需要的生态系统服务（如调节水供应、授粉、休闲娱乐、食品生产、污染控制）；③利益相关者对于生态系统服务以及生态系统与生物多样性关系的看法；④限制生物多样性综合管理效果的 180 个因素。麦德林市与合作伙伴一道，在上述信息的基础上，制定了地方行动计划，以促进生物多样性保护和推动全面生态系统服务评估。评估报告也于 2014 年获得认同，随后被纳入公共政策，确保麦德林市每年都将为生物多样性及生态系统服务综合管理投入资源。评估结果还为制定麦德林"土地管理规划"提供了帮助（Mejia and Echeverri，2018）。

多方利益相关者和制度化参与

在过去几十年间，麦德林善用各种与粮食有关的社会保护措施，对城市和城郊农业进行生产性投资，改善了市内 30 多万难民的粮食安全状况，这些难民因哥伦比亚长期国内冲突而流离失所。麦德林城市发展公司（EDU）与社会包容和家庭部携手民间组织和私营部门，制定实施了若干干预措施。城市发展公司是麦德林的经济发展公司，负责提供基础设施投资。该公司投资基础设施和粮食安全项目的资金来自麦德林市属公共服务（天然气、水、电）公司的利润。城市发展公司主要在麦德林城市边缘的低收入地区开展工作，资助生态花园项目。生态花园项目与麦德林周围山区的绿化带倡议一同实施，这两个项目帮助单身母亲获得土地，并接受城市和城郊农业相关培训。社会包容和家庭部也为弱势家庭的菜园提供资金支持，并按月发放购物券，持购物券可在当地市场购买新鲜食物（Baker and de Zeeuw，2015）。食物援助点和社区餐馆也在解决城市粮食安全问题上发挥了重要作用。

麦德林与安蒂奥基亚省（麦德林是安蒂奥基亚首府）广泛开展合作。地方政府（安蒂奥基亚省立法大会）和国家部委与麦德林市政府携手完善了土地使用规划，为城市和城郊农业的发展提供了支持，例如，建立城市农业区以保护城市和城市周边地区的农业和农村发展用地。近期，在"美好生活联盟"框架下，市长办公室、安蒂奥基亚省政府和阿布拉河谷大都市区得到联合国粮农组织的支持，对粮食市场失灵问题（如成本高、信息不对称、不公平竞争和负面环境影响）采取了干预措施，旨在促进包容性增长和加强竞争力，并支持生产者协会和其他粮食体系参与者扩大投资和经济发展规模（世界粮食安全委员会，2016）。

## ▶ 案例研究 5　肯尼亚内罗毕

### 概要

为城市和城郊农业的发展建立健全保障制度和监管框架，并作为城市和城效农业一项粮食安全战略。多级城市粮食体系治理统筹兼顾郡级政府和国家政府的城市和城郊农业政策[①]

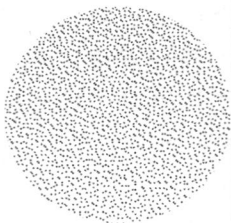

| | 概览 |
| --- | --- |
| | • 国家主导型粮食体系治理模式。 |
| | • 以粮食不安全为切入点。 |
| | • 与国家政策密切相关的监管法案为通过发展城市和城郊农业确保粮食安全提供了助力。 |
| | • 虽然由国家推动，但在实施过程中同时采用了纵向和横向治理，确保利益相关者的充分参与。 |
| | • 国际组织的支持使得内罗毕在城市粮食问题上能够深化多方参与。 |
| | **关键特征** |
| 人口（城市）： | 440 万（2019 年） |
| 城市面积： | 696 平方千米（2019 年） |
| 城市类型： | 郡政府 |
| 城市粮食部门归口： | 农业部 |
| 领导人： | 当选郡长 |
| 城市 GDP： | 342 亿美元（2019 年） |
| 粮食政策开始实施时间： | 2015 年 |

肯尼亚全国性粮食不安全问题有力倒逼内罗毕城市粮食体系治理的发展。长期的粮食不安全是肯尼亚全国面临的重要问题，内罗毕也不例外。内罗毕市政府最初以粮食安全问题为由，抵制过城市和城郊农业。但之后在肯尼亚环境学院的助力下，多方利益相关者大力参与，使得城市和城郊粮食生产成为向最

----

① 译者注：2013 年后，肯尼亚（英联邦国家）全国撤销省级建制，划分为 47 个郡进行治理。

脆弱社区供应健康食物的解决方案之一。内罗毕对粮食问题的关注还与以下因素有关：肯尼亚制定了《2030 年愿景》；根据 2010 年肯尼亚新宪法制定的权力下放方案；城市化工作的监管框架；农业部在市郡两级明确了粮食干预措施。内罗毕的实践说明，全面监管框架加上郡政府与国家政府间的多级法规政策协调，对城市农业发展具有支撑作用。

**机构和治理**

2015 年颁布的《内罗毕郡农业促进和管理法》为城市农业构建了监管框架，也推动了内罗毕郡城市农业促进咨询委员会的成立，该委员会负责监督法律的遵守情况。委员会由一名主席、一名秘书和其他四名成员组成，与内罗毕郡政府的执行委员会成员合作，负责制定促进和规范内罗毕城市农业发展的计划。

内罗毕综合运用横向治理和纵向治理。横向治理方面，郡政府负责协调部门工作组和其他利益相关方，其中包括负责执行《公共卫生法》（第 242 章）的卫生部公共卫生局，该局负责确保城乡地区共同遵守公共卫生标准。内罗毕市郡城市农业促进咨询委员会是根据《内罗毕市郡农业促进和管理法》依法成立的机构，由四名深谙城市规划、农业、公共卫生和经济的民间组织及私营部门成员组成。委员会负责就城市农业、畜牧业和渔业的发展目标和推广工作，向市郡政府提出意见建议。

纵向治理方面，肯尼亚分别在 2011 年和 2014 年出台《国家粮食与营养安全政策》和《粮食安全法案》（由参议院批准通过），为肯尼亚实现粮食与营养安全搭建了总体框架。为协调机构间工作以及减少摩擦和冗员，《国家粮食与营养安全政策》设立了国家粮食安全局和郡粮食安全委员会，统一由国家粮食与营养安全指导委员会进行监督。《粮食安全法案》设立了粮食与营养安全秘书处（由利益相关者技术委员会提供协助支持），在突发情况应对处置、营养、食物的供应和获取、粮食安全与粮食质量等方面，负责协调《国家粮食与营养安全战略》的落地执行。

**方法**

政策规划

因为国家层面的法律法规在内罗毕同样适用，所以内罗毕的粮食政策受到了国家政策的影响。由于肯尼亚将农业、畜牧业和渔业生产的权力下放给郡政府，内罗毕得以制定城市和城郊农业相关政策。所在地、郡和国家政府之间的政策协调，对于应对城乡共同的挑战至关重要。

2015 年《内罗毕郡农业促进和管理法》以下列国家立法为基础：肯尼亚《2010 年宪法》第 43 条，保障肯尼亚人民的食物权；肯尼亚《2030 年愿景》，鉴于城市人口不断增长，愿景将城市粮食安全列为国家重要优先事项；《国家食品安全和营养政策》；《粮食安全法案》；2011 年颁布的《市区和城市法》，在此法基础上制定了《郡级综合发展计划》和《内罗毕城市综合发展总体规划（2014—2030 年）》。《市区和城市法》承认城市和城郊农业是城市综合规划的重要组成部分，旨在满足各市郡地区和农村地区的多样化发展需求。2015 年通过的《内罗毕市郡促进农业监管法案》为城市和城郊农业提供了全面监管框架，规范了用水用地问题，优先考虑人口密集地区和非正式定居点居民的用水用地需求。这项法律还率先提出，应将城市和城郊农业作为用地政策、粮食政策、行政区划、市场营销和相关基础设施的组成部分。目前，城市和城郊农业已被纳入《总体规划和战略计划（2015—2025 年）》。

内罗毕的用地规划是在 1927 年、1948 年、1973 年、2014 年《总体规划》基础上制定而来的。《内罗毕城市综合发展总体规划（2014—2030 年）》为2014—2030 年内罗毕的城市发展管理提供了综合指导框架，为《2030 年愿景》提出的肯尼亚总体发展目标提供支持。这项规划还将食品安全和粮食安全作为优先战略之一，以推动提高生活质量和社会包容性两个目标的实现。

计划

城市和城郊农业促进计划将保障：①农作物种植和牲畜饲养方面培训和能力建设的可持续性；②利益相关者间在管控有机废物方面的合作；③高质量的水产养殖；④依据相关法律对城市和城郊农业进行监管；⑤处理农产品相关卫生健康问题；⑥城市和城郊农业计划相关数据的收集和维护；⑦城市和城郊农业基础设施建设；⑧动物福利标准、产品识别和追溯系统（纽约市立大学亨特学院和纽约市粮食政策中心，2018）。

多方利益相关者的参与

"内罗毕及周边地区粮食安全、农业和畜牧业论坛"是一个跨部门的线上倡议平台，旨在促进小农生产者、正式和非正式粮食供应商等粮食体系参与者间的合作（Levenston，2020）。该论坛最初由肯尼亚环境学院于 2003 年创立，为城市和城郊农业、畜牧业等领域提供知识交流平台。目前，这一论坛已经促成了农民网络的建立，并与其他民间组织建立了多项伙伴关系。

许多民间组织推动了内罗毕城市粮食体系的能力建设和宣传工作，针对城市粮食体系内单个或多个组成部分的相关计划也在同步实施。例如，2013 年"英国乐施会"和"全球关注"组织发起成立了粮食供应商协会，协会在内罗毕的马塔雷、胡鲁马、穆库鲁和基贝拉四个低收入定居点设立工作站，目的是加强城市低收入地区的粮食分配。协会大约有 700 名成员，包括售卖蔬菜和熟食的妇女、屠夫、小卖部老板和牲畜饲养员。各成员接受协会安排，形成地方团体，集中采购货物，并参与储蓄计划。在"发展城区可持续粮食体系"项目下，参与式的粮食体系治理机制即粮食联络咨询小组，在内罗毕成立并开始运作，并作为多方利益相关者平台，代表粮食体系参与者发声。

为了协调多方利益相关者的横向与纵向参与，多种协调机制应运而生。内罗毕粮食安全技术委员会与内罗毕郡城市农业促进咨询委员会携手为内罗毕郡所有公共部门、私营部门和民间组织建立了一套横向协调机制。纵向协调方面，通过郡级粮食安全委员会，做好郡级政府与国家政府（以及其他郡级政府）之间的沟通。协调机制的建立得益于现有的跨部门合作，比如农业部与卫生部在食品安全卫生标准执行方面开展合作（《公共卫生法》第 242 章）。

## ▶ 案例研究 6　厄瓜多尔基多

### 概要

在国际合作伙伴的支持下，与民间组织、公共和私营部门开展非正式合作，组建非正式工作组。逐步规划和实施以城市和城郊农业、民生为核心的粮食干预措施，促进相应措施的制度化并复制推广。

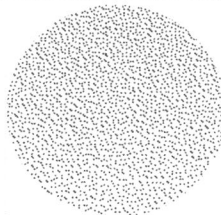

**概览**
- 混合型粮食体系治理模式。
- 以增强粮食体系韧性为切入点。
- 制定参与式城市农业旗舰计划。
- 利用非正式合作和工作组等自发方式动员参与者，并启动干预措施。
- 各级政府持续的政策参与。

**关键特征**

| | |
|---|---|
| 人口（城市） | 200 万（2020 年） |
| 城市面积 | 372.4 平方千米 |
| 城市类型 | 大都会区政府 |
| 城市粮食部门归口 | 生产力发展与竞争力部、经济促进署 |
| 领导人 | 当选市长 |
| 城市 GDP | 247 亿美元 |
| 粮食政策开始实施时间 | 2002 年 |

基多市政府（正式名称为基多大都会区政府）是基多市和大都会区的管理机构，下辖九个行政市辖区。基多是一个火山活动、地震和气候灾害频发的城市，这也是基多将增强粮食体系韧性作为优先事项的原因。然而，城市规划部门自 2002 年起才将粮食纳入受关注议题。当时受经济危机影响，全国近 50% 的人口生活在贫困线以下。人们成群结队地迁往基多，导致基多人口在 20 年内几乎翻了一番。为满足家庭粮食供给，许多基多市民特别是基多内部地区和山区的居民，转向了小规模农业。贫困和粮食不安全成为基多迫切需要

解决的问题。为支持粮食与营养安全工作，基多市政府将城市有机农业和生态农业作为降低灾害风险的措施，并由此催生了"参与式城市农业计划"（AGRUPAR）这一旗舰项目。基多参与粮食议题以自发方式为特征，利用非正式合作以及与民间组织和市政部门组建工作组，动员参与者并启动粮食干预措施。

**机构和治理**

厄瓜多尔的中央政府机构，以农业部为代表，持续参与粮食体系的治理。2008 年，食物权被纳入厄瓜多尔宪法。2018 年，"国家美好生活计划"出台。利用这些国家级倡议，基多市政府牵头制定了基多地区粮食政策，特别是通过基多经济发展机构和"参与式城市农业计划"开展相关工作。2016 年，基多创建了一个由 20 多个公共机构（市、省和国家政府）、民间组织、学术界和私营部门（商会和协会）组成的多方参与者平台。通过全面的粮食体系治理方法，《基多地区粮食宪章》将粮食问题纳入公共议程。基多市政府在 2017 年提出了"粮食体系韧性战略"，其中包含一项旨在促进基多城市农业生产和粮食体系可持续性的粮食发展计划。

**方法**

自 2008 年厄瓜多尔宪法颁布以来，基多采用"城市—区域"粮食体系治理方法，推动了基多大都会区粮食作物生产的规划和优先化。这项工作以粮食主权体系为中心，并被纳入新宪法，鼓励通过制定粮食政策，"避免粮食进口依赖""促进城乡公平"。在此基础上，地方政府的所有管辖权被转移到基多市政府（Orsini 等，2017）。基多大都会区形成了第一个粮食生产闭环，基多市在粮食生产闭环内推动玉米、豆类、水果、马铃薯、谷物的生产，以及一小部分花卉和紫花苜蓿的培育。第二个生产闭环覆盖皮钦查省的部分区域，专门用于生产经济作物和发展畜牧业，如西兰花、花卉和牛奶，同时向大型食品加工企业开放。这种结构促进了基多市、周边城市和省政府之间的跨辖区规划和协调（Dubbeling 等，2017）。

政策规划

在国家层面，厄瓜多尔将相关国际原则和权利纳入政策中，包括将粮食主权（food sovereignty）纳入其宪法和法律框架。这一框架承认食物权（right to food）以及"参与、透明、性别平等、包容和社会经济"等原则。这一成果来之不易，因为部分私营部门反对以"粮食主权""超加工食品"和"健康饮食"的概念来框定相关工作。

基多的粮食规划也得到了民间组织的支持，这得益于"基多农产品公约"这一多方利益相关者平台提供的建议。这一规划也得益于基多将粮食议题纳入《2040 年愿景》《粮食体系韧性战略》《基多大都会区发展和监管规划（2015—

2025 年)》等城市规划工具，推动了《基多农产品战略》的制定工作。该《战略》旨在解决粮食不安全、肥胖、饮食疾病、营养、健康、环境和废物处理等方面的问题，并通过支持本地粮食价值链和可持续农业，提升收入和增加就业机会，最终推动农村和城市地区的经济发展。

土地使用规划面临的挑战

"参与式城市农业计划"在基多面临的挑战是，缺乏有利于城市和城郊农业的法律框架。这需要将城市和城郊农业进一步纳入城市空间规划，成为城市用地规划以及空置公共空间使用计划的一部分。目前，空置公共空间的使用计划没有明确承认城市和城郊农业的概念。考虑到"参与式城市农业计划"取得的巨大成就，这一现状着实令人吃惊。

计划

2015 年，基多成为世界上八个实施"城市—区域粮食体系计划"的试点城市之一。基多以整合、参与式的方法制定城市—区域农业粮食政策，评估了当前的粮食体系，并采取具体措施加以改进。正是这种评估式的方法帮助基多找到了需要加强的薄弱环节。

在研究基多的总体计划方法时，我们发现，基多是将城市和城郊农业概念与国家食物权结合起来的典范城市。基多将"参与式城市农业计划"确立为促进粮食安全和减少贫困的战略，以增强粮食体系韧性上的脆弱环节。这一举措旨在帮助最弱势群体，为他们提供更多健康营养的食物，并创造创业增收的机会，特别是为女性家庭户主提供相关机会。这项工作由基多市的经济发展部门实施，其愿景是建设一个具有创业精神和可持续性的创新型城市。通过为市内小微企业的创新生产活动和服务提供融资支持，鼓励生产性投资，创造就业机会，公平分配财富。

在过去十多年间，"参与式城市农业计划"的成功实施以及城市和城郊农业的持续推进并未受到地方政府换届的影响，反而推动了当前的粮食政策制定工作。"参与式城市农业计划"是市政计划的一部分。基多市财政年度拨款约27 万美元用于支付培训、技术咨询和物流等，还留出一部分费用用于购买种子、设备，饲养蜜蜂、家禽、豚鼠等。基多市财政仍然是资金的主要来源，但对生产性基础设施的投资，如微型温室、牲口棚和滴灌装置，大约一半资金来自其他参与者（Baker and de Zeeuw，2015）。这项计划也接受国际合作方的捐资，用于开展研究工作和改善菜园基础设施，以及加强部分服务（如培训潜在城区农民）。

多方利益相关者的参与

2016 年，基多创建了一个由超过 25 个公共机构（市、省和国家政府）、民间组织、学术界、私营部门（商会和协会）和国际合作方（例如城市农业

119

和粮食安全资源中心等）组成的多方利益相关者平台。该平台为农村参与者提供了参与城乡政策决策的渠道，也为筹划和讨论城市公共粮食政策提议创造了空间。

在基多，一个由多家民间组织利益相关者组成的大型团体提出了一份粮食政策和行动计划草案，并提交至当地政府审议。该草案在磋商过程中得到了1 400多名市民和组织的认可。这个多方利益相关者平台讨论了以下两种做法的优势：由大都会区议会制定并通过一项城市条例，或在选举期间通过市长决议认可平台本身并推动粮食政策的筹备工作。该平台的成员担心，市长决议可能会被视为即将届满的市政府的政治行为，因而不被新一届政府承认，最终很可能会被剔出城市粮食政策。这个例子突出了多方利益相关者平台在凝聚共识、赢取关键利益相关者政治承诺方面的价值，还强调了参与者的知识对于推进共同政策目标的重要性。在《基多农产品条约》框架下，基多起草并批准了《粮食宪章》，宪章再由市政府签署并公开。这一宪章的制定表明，利益不同但同样关注粮食问题的参与者有可能达成一致意见。

基多决定将城市和城郊农业确定为减轻灾害风险的措施，以支持脆弱的城市粮食生产者在粮食与营养安全方面的工作。这一决定凸显了从战略层面讨论粮食问题，并与参与者利益、关键部门交付能力（即农业部门）和更广泛的城市发展愿景（即粮食体系韧性）等要素保持一致的重要性（《米兰城市粮食政策条约》，2018）。这些要素促成了"参与式城市农业计划"的有效设计和实施。

来自农业生产、食品饮料制造以及贸易行业的私营部门组织，通过厄瓜多尔"全国食品饮料制造商协会"和厄瓜多尔"第一区农业商会"参加利益相关者的磋商。虽然他们赞成通过《粮食宪章》，但他们对"健康饮食"和"粮食主权"的概念提出质疑，建议只引入"营养"的概念。他们认为，人们对这些概念尚未达成共识，或对这些概念的认识有失偏颇。讨论《粮食宪章》和"基多行动计划"的过程表明，当人们对讨论的问题持有不同观点立场时，制定公共政策工作将面临重重挑战。

基于对政治开放的渴望（政治开放的目的也是为了形成共识），基多粮食政策的制定由生产力发展与竞争力部的秘书以及基多市经济发展部门牵头负责，其他参与人员还包括政府部门人员（如相关部门的秘书和主任）和来自各部门机构的技术团队（如规划部、社会包容部、卫生部、环境部和市场委员会等）。

#### ▶ 案例研究 7　韩国首尔

**概要**

凭借民间组织的持续动员和积极行动，首尔解决了食品安全、免费校餐和粮食不安全等突出问题，最终实现城市粮食体系治理的正规化。首尔实施了整体的粮食政策，以粮食计划与国家支持之间有效关联为后盾。

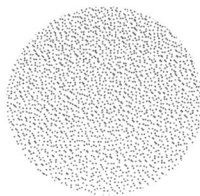

| | **概览** |
|---|---|
| | • 混合型粮食体系治理模式。 |
| | • 以食品安全和粮食不安全为切入点。 |
| | • 支持各种粮食计划的政府间和机构财政转移支付。 |
| | • 多级治理和横向协调。 |
| | • 首尔大都市政府主导的多方利益相关者参与网络。 |
| | **关键特征** |
| 人口（城市）： | 970 万（2020 年） |
| 城市面积： | 605.3 平方千米 |
| 城市类型： | 大都市政府 |
| 城市粮食部门归口： | 粮食政策部 |
| 领导人： | 当选市长 |
| 城市 GDP： | 8 949 亿美元（2018 年） |
| 粮食政策开始实施时间： | 2012 年 |

食品安全、免费校餐以及与边缘化人口和老年人相关的粮食不安全问题促使首尔实行城市粮食政策。首尔很早就参与了城市粮食体系治理，民间组织的持续动员和积极行动是重要驱动因素。一些民间组织的负责人在首尔市民粮食委员会中发挥了重要作用，极大地影响了粮食政策和计划的实施。首尔在城市粮食体系治理方面取得了显著成果，包括制定粮食总体规划以及全民、生态友好型的免费校餐计划。

**机构和治理**

首尔制定了"粮食总体计划"，是有效通过单独粮食部门实施计划的城市之一。这一计划由"粮食希望网络"（Hopeful Food Network，一个民间组织网络）发起，并在 2015 年得到首尔市长的认可。2017 年，首尔大都市政府粮食政策部和食品安全工作组开始负责该计划的实施。这一计划为首尔呈现出一个更全面的粮食愿景，超越了首尔对传统议题的关注范围，如食品安全和免费校餐。代表粮食体系所有部门的 2 000 多名公共、私营部门和民间组织合作制定了涉及所有粮食问题的"粮食总体计划"。

为实现粮食愿景，首尔推动众多政府部门、机构和各种下属单位参与城市粮食议题，例如，首尔在粮食安全和可持续性方面的治理方法是多层级的。首尔专注于制定众多领域的具体规划，包括粮食卫生和安全、粮食干预、牲畜安全、饮食改善，还出台了有关社区福利、生态友好型膳食等方面的社会政策。

首尔所普及的免费校餐计划依赖于国家政府的政治和财政支持，"城乡共同繁荣公共供餐服务"项目的成功也依靠有效的垂直管理。首尔促进了大都市政府下属的 25 个自治区与韩国农村地区之间建立伙伴关系，直接采购粮食并为儿童提供优质膳食。这种促进作用和伙伴关系将变得越来越重要，可以将对地域性方法和未来城乡联系日益增长的关注转化为实际行动。

首尔市民粮食委员会确保粮食相关部门和机构负责人之间的横向协调，相关负责人还是市民粮食委员会计划和协调小组委员会的成员。首尔的粮食政策部负责协调市长办公室，并动员首尔几乎所有部门和机构提供支持和预算，用于该市的免费校餐计划。首尔在全市范围所做的这一努力还需要首尔民间组织的参与和协调。民间组织与市政部门、其他公共和私营部门代表一起参与各类政府工作小组，规划、设计和监督市政粮食计划的各个部分，包括免费校餐计划。

在粮食部门政策和计划的支持下，首尔设计并实施了详细、全面的综合粮食计划。但在实践中，首尔市民粮食委员会面临着协调大型计划所带来的挑战——确保 10 个分委员会之间的有效沟通、合作和信息交流。市民粮食委员会的职能具有多样性和分离性，难以实施整体计划来支持共同目标。为了改善协调效果，首尔可能会考虑：优化项目的优先顺序；加强项目和计划之间的协调；开发共同或共享项目。

---

**粮食的力量：地方政治和免费校餐**

2010 年 6 月，首尔地方选举和教育主管选举的许多候选人将免费校餐作为他们的竞选主题之一。虽然执政的保守党在其他地方遭遇选举失败，但保守党候选人成功当选首尔市长，这主要是由于这位候选人对分阶段提供免费校餐的政治承诺。反对党候选人也支持免费校餐，但更具体地宣传"生态友好型免费校餐"。

2010 年 10 月，首尔市议员提出了《首尔生态友好型免费校餐支持条例》。尽管新当选的首尔市长要求重新审议这一条例的草案，但市议会继续推进，并于 2010 年 12 月通过了该条例和 2011 年预算，其中包括为免费校餐提供资金*。虽然市长没有官方宣布该条例，但市议会主席在 2011 年 1 月将其公布。在市议会主席公布该条例三天后，市长要求市议会重新考虑预算。在请求被拒绝五天后，市长将此案提交至最高法院。法院作出有利于市议会的裁决。2011 年 6 月，一个反对全民免费校餐的民间组织要求就免费校餐计划举行公投，市长同意了这一决定。公投于 2011 年 8 月举行，但因投票率不足而无效。

由于造成上述失败，当时的首尔市长辞职。2011 年 10 月举行补缺选举后，反对党候选人当选为新的首尔市长。2011 年 12 月，新市长提交了一份撤销关于免费校餐条例的无效诉讼的法案。提交三天后，市议会通过了修改后的条例。2012 年 1 月，新市长终于官方宣布了全民免费校餐条例。新市长于 2018 年 6 月赢得连任，开启了他的第三个四年任期。

　　* 对贝洛奥里藏特市长候选人而言，免费校餐计划也是一个容易引起争议的议题。

### 首尔的财政分摊

　　政府间财政转移支付为韩国首尔"粮食总体计划"提供资金。市级政府预算用于支持城市粮食干预举措，而从中央政府转移的财政资源则专门用于支持庞大的国家计划。例如：

　　首尔粮食总体计划得到了九个部门的财政支持：市民卫生局下属的粮食政策部（680 万美元）；对外合作部、福利政策部、社区福利支持部、家庭部（1 960 万美元）；生态友好型膳食部（1 360 万美元）；妇女和家庭政策事务办公室的家庭部、公共安全特别执法部、气候与环境办公室的生活环境部、经济规划办公室的城市农业部（480 万美元）。

　　免费校餐计划由首尔市教育局出资 50%，首尔大都市政府出资 30%，25 个自治区出资 20%。

　　国家政府提供配套资金 330 万美元，用于建立儿童膳食服务管理和支持中心。

## 方法

### 计划

　　首尔 2017 年"粮食总体计划"概括了用于指导城市粮食干预措施的一揽子计划：增加穷人获取食物的机会；促进中小型家庭农场与城市之间的联系；解决与粮食和营养相关的公共卫生问题；设计包容性政策和参与式管理；投资于粮食相关的社会安全网；解决与公共卫生、福利、就业、住房和城市规划相关的粮食问题；提升粮食体系的生态友好性和可持续性；支持饮食文化多样性。

　　生态友好型免费校餐计划是首尔与韩国国家、省和地方政府合作开发的旗舰计划之一。符合这一战略愿景的其他计划包括：在公共交通枢纽和公共机构设置果蔬自动售货机、水果零售点和便利店，以增加营养食物的获取途径；开发和推广"低盐"饮食，在餐厅、儿童保育中心、企业食堂和便利店午餐包中认证营养丰富的"明智用餐"。一顿明智的膳食含有 500~1 000 千卡[①]（15%~

---

　　① 编者注：1 千卡≈4.186 千焦。

20％来自脂肪）和少于 1 400 毫克的钠。社会保护计划包括食品券和公共厨房。改变饮食行为的计划促进韩国的膳食更加营养丰富。

### 采购当地粮食作为校餐

通过"谅解备忘录"，首尔 2017 年启动的"城乡共同繁荣公共供餐"项目是首尔大都市政府促进城乡联系的一个例子，旨在提高校餐的质量和营养，同时增加对当地生产粮食的需求。该备忘录的内容侧重于：稳定的粮食供应；为学校和公共膳食计划采购生态友好型的当地粮食；教育计划。首尔终身学习部门的生态友好型膳食处管理该项目，同时负责监督粮食配料供应链的价格、质量和安全。

### 多方利益相关者的参与

首尔的粮食政策实践根植于民间组织的持续动员和积极行动。民间组织很早就参与首尔的粮食体系治理，在治理全过程中一直非常活跃。许多组织负责人在首尔市民粮食委员会中发挥了重要作用，对粮食政策和计划的实施产生了重大影响。本案例研究表明，在首尔粮食干预举措的排序、规划、设计和实施过程中，民间组织和私营部门都广泛参与并施加了影响。

### 政策规划

2017 年 6 月，首尔大都市政府与民间组织、私营部门、粮食生产者和学术界的 350 名公民代表一起签署了《首尔市民基本食物权利》的正式宣言，这成为了首尔制定"粮食总体计划"的基础。这呈现了一种自上而下的方法——由市政府主导且有多方利益相关者参与的网络。首尔"粮食总体计划"经过健全的协商过程而最终确定，该过程涉及与市民进行的 150 多次辩论，其中包括来自以下各领域和部门的约 2 000 名专家：粮食安全、营养、农业、粮食配送、餐饮服务领域以及促进全州市和完州郡当地粮食发展的福利部门和地方政府等。

《首尔基本粮食条例》是首尔广泛利益相关者之间进行为期两年多讨论和公开听证的成果，包括首尔大都市政府和自治区的市政官员、私营部门代表和民间组织等。首尔大都市政府粮食管理和城乡共同繁荣管理委员会的技术投入也发挥了促进作用。2017 年 9 月颁布的《首尔基本粮食条例》为首尔发展可持续粮食体系和实现所有公民的粮食安全确立了政策架构。该条例由 35 条条款组成，涉及指导原则、市长职责和市民责任、粮食总体计划、粮食宪章的目标和作用、粮食政策顾问的职责、不同粮食委员会和分委员会的作用以及结果框架的指标。与其他国家一样，首尔的一整套综合性粮食政策条例与韩国中央政府粮食政策（通常是法案）相关联，并且通常由中央政府授权实施，涵盖议题的范围广泛（Chung and Olson，2019）。首尔大都市政府制定的其他市政条例也涉及广泛的粮食议题。

## ▶ 案例研究 8　中国上海

**概要**

通过创建国家食品安全模范城市，上海加强了粮食体系治理，以国家指导下的市、区和乡镇三级粮食体系治理方法为支撑。

**概览**

- 国家主导型粮食体系治理模式。
- 食品安全作为切入点。
- 强有力的国家政策为上海实现城市愿景奠定了基础，上海致力于成为一个金融、教育和生态综合发展的创新型城市。通过：① 粮食安全；② 现代化和战略型市场；③安全有韧性的粮食体系，加强城市的新鲜果蔬供应。
- 国家级指导的三级治理方法助推上海成为食品安全模范城市，增强各级政府的主人翁意识和多层级协调。
- 多方利益相关者的参与有助于将相关职权从地方政府转移和重新分配给主要参与者。

**关键特征**

| | |
|---|---|
| 人口（城市）： | 2 430 万（2019 年） |
| 城市面积： | 4 000 平方千米（2018 年） |
| 城市类型： | 直辖市政府 |
| 城市粮食部门归口： | 上海市农业农村委员会、上海市商务委员会 |
| 领导人： | 市委书记 |
| 城市 GDP： | 5 340 亿美元（2019 年） |
| 粮食政策开始实施时间： | 2008 年 |

上海的城市愿景是发展成为一个金融、教育和生态综合发展的创新型城市。食品安全、现代化和战略型市场以及安全、有韧性的粮食体系将有助于加强城市新鲜果蔬的供应。粮食议题与上海的城市愿景有着内在联系，因为这一愿景为加强粮食体系提供了明确的优先事项。上海的城市粮食计划和相关机构很大程度上受益于国家政府和市政府制定的综合政策和规划框架，以及强有力的国家政策。

中国参与城市粮食体系治理取决于多种因素：①1992 年通过的《中国共产党章程》关注农业现代化；②中国的快速城镇化进程需要建立有韧性的粮食体系来养活不断增长的城市人口；③中国强调经济发展和改革（1978—2000年），将"温饱"（全年有足够的衣食）重新定位为"小康"（人们可以享受与中等收入国家相称的生活方式）（Yao，2000）；④《关于打赢脱贫攻坚战三年行动的指导意见》（Hou，2018）阐明了中国扶贫的重点；⑤中国的供给侧结构性改革是"十三五"规划的重点领域，即提高供应质量以满足不断变化的消费者需求，同时增加供应链和提高零售效率，并通过区域规划、城乡协调发展、税收优惠以及使用先进绿色技术来实现这一目标（毕马威会计师事务所，2016）。

**制度背景**

上海的市政制度结构反映了国家层面的制度结构。农业、卫生、商务等技术部门或委员会在市政府中发挥技术作用。这些部门的工作由副市长监督，副市长向市长（该市的"首席运营官"）汇报工作。由于上海是中国的直辖市，市长与省长同级，但要接受中共上海市委书记的领导。上海市委书记主持上海市委工作，上海市委是上海市的最高行政机关。上海市人民代表大会是地方立法机构，其作用类似于全国人民代表大会。上海的 16 个区还设有区（副市级）人大，受权对各区重大发展问题进行决策（例如，浦东新区人大对粮食安全的调查）（Li，2017）。

**利益相关者参与的例子**

在多方利益相关者的参与下，上海市闵行区城市农业发展项目制定了相关政策和行动规划。这一项目的核心支持团队成员来自区政府、村委会、上海交通大学、闵行区农业委员会、农业服务扩展中心和两个镇——马桥镇和浦江镇。这种多方利益相关者参与的方式促进了权责的转移——从市政府和区政府转移到参与中国城市和城郊农业发展规划参与者。

**将利益相关者的参与形成制度**

上海市委（如农业农村委员会）的技术官员可以起草政策并将政策提交至市政府，经市人民政府或其常务委员会批准后，最终负责政策实施（Anderson，2013）。学术界、研究机构和智库也可以参与政策的分析和起草过程，而商业和行业协会以及国有企业董事会可以为新的或现有的政策制定提供见解。上海市委和市政府也可以组建领导小组，即由精选的高级官员组成的非正式小组，为政策的起草建言献策，为政策的实施做出贡献（Miller，2008）。

上海市委常委会（常设机构）直接监督相关政策的执行（中共上海市委，2010）。正如国家部委通常在解释、管理、实施和监督广泛的政策方面发挥战术影响力一样，地方政府也会拥有制定和执行自己政策的空间（Ahrens，2013）。

**方法**

政策规划

强有力的国家政策为上海的城市愿景奠定了基础。国家政策的总体方向推动上海市确定了创建国家级食品安全模范城市的目标，而借鉴国家制度结构有助于促进多层级协调。

在决策和施策方面，地方政府和国家政府类似，但地方政府拥有改变和试验的空间。以 1979 年《中华人民共和国地方各级人民代表大会和地方各级人民政府组织法》为指导，以基于共识的决策为重点，市级政策需确保与国家优先事项保持一致和遵守中国宪法（Gao and Wu，2017）。国家和市级层面制定的五年计划，旨在为所达成的结果提供战略愿景、指导和基准。市级政府有相当大的余地在其管辖范围内来试行和起草因地制宜的政策。上海市人民代表大会和上海市委书记加强与全国人民代表大会之间的联系，促进上海市级政策与中国的国家级政策接轨。

上海对食品安全的关注是推动上海实行粮食政策的主要因素。成立于2008年的上海市食品药品监督管理局取得了一系列里程碑式的成就，包括：建立食品安全信用体系；出台有关食品安全信息和追溯的管理举措；制定食品安全监督工作计划；于2017年制定了《上海市食品安全条例》。另外值得注意的是，上海市人民政府批准通过了《上海市农业发展"十三五"规划（2016—2020年）》，其中包括实现70％当地农产品是有机和无污染的农业发展目标。（中华人民共和国自然资源部，2010）。上海的市级政策源于中国在同一领域的国家立法（Shi，Jiang and Yao，2018）。

中国国家农业部门制定了农业现代化、农业科技创新、可持续发展和现代农业发展方面的各种政策、行动计划和规划，为上海实行城市和城郊农业干预举措提供了技术框架（Hosseinifarhangi等，2019）。通过与国家级农业政策框架相结合，上海土地利用规划能够着手于城市发展和城市粮食供应方面的优先事项。

从1979年到2008年，上海市人口增长了66％，城市和建筑用地增加了210％，这却导致农田、水体和裸地的急剧减少（Zhang等，2011）。1990年，耕地占上海市面积的61％，2000年下降到57％，2010年下降到45％（Shi，Jiang and Yao，2018）。《上海市土地利用总体规划（2006—2020年）》提出，要合理利用土地资源，引领城市发展空间布局，控制耕地缩减程度，推进土地整治和复垦，发展现代农业，努力提高农业用地的产量和效益。该规划与2004年修订的《中华人民共和国土地管理法》和国务院批准的针对省、市、县和乡镇保护耕地的计划相一致（Meligrana等，2008）。《上海市城市总体规划（2017—2035年）》也遵循上述逻辑，力求在城市外围建立紧凑型农村居住区，并通过利用财政和就业刺激措施鼓励农民和农村人口向城市转移。由此，上海将分散的农业用地整合为更大面积的土地，以实现规模化农业经济，并推广现代化方法来提高土地产量和劳动生产率。

计划

城市粮食计划的制定以国家政府和市政府的综合政策和规划框架为基础。受上海城市愿景、国家和市级政策规划的驱动，上海市开始关注粮食安全、城市和城郊农业以及现代粮食批发和零售市场。与北京和天津一样，上海制定了粮食批发市场总体规划，引导了城市周边现代化粮食批发市场的发展。

中国印发的《全国农业可持续发展规划（2015—2030 年）》指导上海市的粮食干预举措，支持上海通过农业创新和技术发展来实现粮食自给自足。作为中国农业农村部下属的国家级农业科研机构，中国农业科学院（CAAS）通过与国有企业合作，在为中国各地农产品项目（包括上海）提供资金方面发挥了重要作用。城市和城郊农业干预措施侧重于采用适应现代农业的技术和创新方法（例如水培法、室内园艺、垂直农业、闭环系统），使节水效率提高了90%，生产力提高了 20 倍。中国农业科学院农业科技创新工程和全年生产蔬菜的"菜篮子计划"受益于与国外公司在研究设计和技术方面的合作。来自中国农业科学院、国有企业和中国农业发展银行的国家资金支持了这些项目（Hosseinifarhangi 等，2019）。

上海其他重大干预举措包括：①上海所有蔬菜生产基地确保农产品和生产过程都符合绿色标准的"双绿"工程；②"溯源"计划——上海计划将十多个现有农产品溯源平台与上海统一粮食安全信息溯源平台进行整合。上海市级以下政府或区政府也实施城市和城郊农业干预措施，包括对城市和城郊农业灌溉系统的投资，以及在技术采用、营销和粮食质量控制方面向农民、合作社和农业企业提供的技术援助（Cai 等，2011）。

在混合型城市开发模式中适用农产品视角

上海孙桥现代农业开发区是上海开发更大城市规划的一部分。该规划将社区的一部分转变为农产品中心或技术中心以展示农业研发。对于混合型城市开发，该规划还能加强对新农业和食品技术的认识，并拓展教育空间。混合型城市开发范围涉及绿色空间（公园和温室）、住宅和商业空间以及科学博物馆。上海市政府在 20 世纪 60 年代中期划定了一个面积 9.3 平方公里的城市区域，旨在吸引生物工程和生物制药公司进驻，进而建立一个与城市温室保持协作的研究基地（Sasaki Associates，Inc.，2020）。

数据详情

大数据规划的举措包括"天眼系统"，该系统旨在客观反映消费者对餐厅质量和食品安全情况的评价，进而为监管部门提供参考。上海食品风险评估记录显示，上海针对食品经营者建立的食品安全信用体系和新的食品安全法规有助于改善食品安全（联合国粮农组织，2018；中华人民共和国，2009；Shen，2015）。

预算流程

上海实行三级政府公共预算体系（市—区—乡镇），每一级都有各自的预算计划。上海利用公共财政对社会资本和投资资本施加影响，以支持现代农业和粮食体系的建设（上海市人民政府，2012）。上海通过相关项目来完善市与区之间的融资机制，并以激励而非补贴的方式提高金融工具的有效性。上海市还加强金融绩效的监测和评估，并将评估结果与下一年的融资机会相关联。

## ▶ 案例研究 9  加拿大多伦多

### 概要

将基层特别粮食倡议和民间组织参与转变为地方正式的粮食体系治理机制，并将这一机制内嵌于地方政府机构之中。为粮食政策和计划提供便利，以便涵盖粮食体系的所有维度，确保粮食安全。

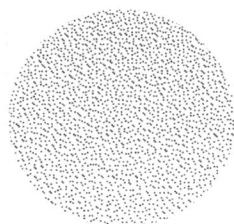

**概览**

- 城市主导型粮食体系治理模式。
- 当地粮食运动和民间组织的历史根源促使多伦多粮食政策委员会（TFPC）的设立。
- 以营养和健康为重点的粮食体系作为切入点，实行解决粮食安全和粮食体系韧性问题的举措。
- 两个以粮食议题为导向的机构实体直接内嵌于多伦多市政机构。
- 与其他组织和利益集团协调合作的能力。
- "多伦多粮食战略"占据独特地位，具有政策和规划上的更大独立性和灵活性。

**关键特征**

| | |
|---|---|
| 人口（城市）： | 270 万（2016 年） |
| 城市面积： | 630.2 平方千米 |
| 城市类型： | 市政府 |
| 城市粮食部门归口： | 公共卫生部 |
| 领导人： | 当选市长 |
| 城市 GDP： | 3 300 亿美元（2018 年） |
| 粮食政策开始实施时间： | 1991 年 |

随着城市粮食议程的扩大，长期参与粮食议题的民间组织在规划和政策对话中获得了更大的发言权，并促使市政府采取相关行动。在多伦多等一些城市，民间组织长期聚焦粮食议题的倡导和加强社区组织。民间组织成功引起了市政府的关注，推动了粮食体系问题的变革。

在多伦多，推动设立多伦多粮食机构实体的民间组织是"多伦多粮食共享"。该组织成立于1985年，其愿景是"人人享有优质、健康的粮食"，旨在创造一个有韧性、公正和可持续的粮食体系。多伦多粮食政策委员会（TFPC）成立于1991年，是多伦多卫生委员会的一个分委员会，负责就粮食政策问题向多伦多市政府提供建议，尤其是与饥饿和粮食银行相关的问题。当时，多伦多市议会认为设立粮食银行并非为城市增光之举。

### 机构和治理

多伦多粮食政策委员会是世界上最早设立于大城市的粮食政策委员会。多伦多粮食宪章于2001年由多伦多市议会一致通过，为多伦多粮食政策委员会提供指导。该委员会将粮食部门、农业和民间组织联系起来，制定支持健康粮食体系的创新政策和项目，还为整个粮食体系的行动提供了交流论坛。多伦多粮食政策委员会负责解决影响多伦多居民的新兴粮食问题，并促进粮食体系创新和推动粮食政策发展。多伦多粮食政策委员会的值得称赞之处在于，将基层特别粮食倡议正式转化为一种地方粮食体系治理机制，并这种机制内嵌于地方政府机构，通过广泛的政策框架全面地解决粮食体系问题。

与北美其他城市的粮食政策委员会不同，多伦多粮食政策委员会作为多伦多市卫生委员会的一个分委员会运作，而多伦多市卫生委员会是负责向多伦多市议会报告工作的十个委员会之一。多伦多粮食政策委员的地位是独特的，因为它具有大多数分委员会不具备的独立性，有助于粮食规划和政策的成功实施。多伦多粮食政策委员会的成员经验丰富，能够就广泛粮食议题提供权威、可信的意见。

2008年，受到一篇题为《多伦多粮食状况：有关"多伦多粮食战略"的讨论》报告的启发，多伦多粮食政策委员会启动了"多伦多粮食战略"。在这篇报告被提交至多伦多卫生委员会后，多伦多卫生官员成立了一个由21名成员组成的非正式指导小组来指导该战略的实施。该指导小组由社区粮食专家和市政府高层工作人员组成，制定了多伦多大胆而务实的粮食愿景，确定了长期目标以及短期粮食干预举措和行动。在与公共、私营部门和民间组织协商后，"多伦多粮食战略"在2010年得到了市长的批准。"多伦多粮食战略"的目标是与多伦多粮食政策委员会合作，通过为公共卫生参与者制定行动计划和建立平台来参与粮食议题。多伦多粮食政策委员会与众多社区和商界领袖一同参与，充当"多伦多粮食战略"社区顾问小组（Fridman and Lenters，2013）。

与多伦多粮食政策委员会类似，"多伦多粮食战略"与多伦多市卫生委员会之间存在制度关联性。作为安大略省四个市级卫生委员会之一，多伦多卫生委员会是根据《卫生保护和促进法案》（多伦多，2020）成立的，并受该法案的管理。

**方法**

*政策规划*

加拿大各省大都市或城市采取的大多数粮食干预举措都是通过地方法规得以实施的。《多伦多市法案》规定，市政府通过这些法规行使权力，而这些法规是安大略省各市的主要立法工具。市议会通过采纳或修订委员会和市政府官员在报告和简报中提出的建议来做出决定。这意味着，对于粮食体系规划（包括城市规划）的变化，地方法规和通过地方法规采取的行动是至关重要的。自1834年以来，多伦多市已颁布了19.8万条地方法规（多伦多，

2012）。

在持续参与粮食议题的 30 年中，多伦多粮食政策委员会和"多伦多粮食战略"倡导和促进了几乎涉及城市粮食体系各个方面粮食政策的制定，包括：当地粮食采购；支持城市和城郊农业的综合政策；出台有关粮食卡车、手推车和自动售货机的法规；颁布粮食经营许可和法规；改善粮食市场和农贸市场；减少粮食浪费；加强餐饮服务；制定粮食安全法规。

多伦多粮食政策委员会协助多伦多市建立了广泛的粮食政策框架，成果包括 1992 年通过的《多伦多粮食和营养宣言》和 2001 年通过的《多伦多粮食宪章》（多伦多粮食政策委员会，2015）。2010 年，多伦多公共卫生部门和多伦多粮食政策委员会共同制定"多伦多粮食战略"并组建相应的指导团队。

多伦多市还大力倡导联邦层面的粮食政策，包括关于使用人工生产反式脂肪的规定、学生营养计划和针对 13 岁以下儿童的商业广告。

计划

在跨部门粮食计划的制定、粮食项目的发展、与民间组织和私营部门共同协作方面，多伦多粮食政策委员会和"多伦多粮食战略"有长期积累的经验。"多伦多 2020 年强大街区战略"和多伦多减贫战略"多伦多繁荣"都强调，需要创造更多机会让所有多伦多居民获得健康且负担得起的粮食。多伦多公共卫生部门与环境能源部门合作，委托进行了一项研究，以界定气候变化对多伦多粮食分配和获取构成的重大风险，同时将与粮食体系相关的建议纳入"多伦多韧性战略"。"转变多伦多"和"多伦多气候行动战略"旨在到 2050 年将多伦多温室气体排放量减少 80％，粮食体系在这两项战略中也发挥着核心作用。"多伦多粮食战略"为粮食计划的制定构建模板，例如超市与粮食生产商、制造商和分销商合作，将多余的粮食重新分销给顾客。同时，该战略还旨在减少厨房和咖啡馆的粮食浪费，通过提供营养餐点，打破社会孤立，将社区凝聚在一起（多伦多公共卫生部，2018）。

多方利益相关者的参与

通过与其他组织和利益集团开展合作，多伦多粮食政策委员会扩大了粮食议题与多伦多地区的关联性，由此突出粮食议程的多功能特性。通过从基础工作——制定粮食宪章并将粮食议题作为公共卫生优先事项——到逐步建立城市粮食体系的过程，多伦多为更复杂和关联度更高的粮食政策奠定了坚实的基础。多伦多粮食政策委员会虽然属于正式的城市粮食体系治理机构，却具备非政府组织的能力，能不断地处理多个利益相关者之间的利益冲突。

多伦多意识到，粮食安全也依赖于对周边地农村农田的保护。因此，在 2012 年，多伦多粮食政策委员会通过建立一个创新管理机构——"金马蹄粮食和农业联盟"来协调和促进农民组织参与粮食体系政策规划，借此将粮食政策干预范围扩大到包括多伦多市周边的金马蹄地区，并加强吸收来自粮食行业协会和民间组织的有关意见。多伦多"金马蹄粮食和农业行动计划"兼具整体性和协调性，明确了在金马蹄地区采取粮食和农业可行性方法的途径，以确保该地区加强和扩大其粮食和农业集群的引领作用。

为应对资金不确定性，多伦多的利益相关者创建了一个非正式小组，即"多伦多粮食政策委员会之友"。该小组由几位高层人士和政治相关支持者组成，以游说市政府和省政府继续支持粮食相关计划和人员预算。

"多伦多粮食战略"采用跨部门方法加强城市的粮食体系治理能力，并促进与各类机构、社区组织和私营部门等外部合作伙伴的协作，以驱动有效的政策和监管变革。该战略还促使城市出台相关举措来增加健康、负担得起和多样化粮食的获取途径，同时创造良好的粮食相关工作岗位。"多伦多粮食战略"以不同的粮食议题切入点来满足粮食部门和城市的目标，涉及与许多城市部门和机构的广泛合作。

利用资源

多伦多利用机会主义方法启动多阶段融资，为最初的粮食干预措施提供资金。例如，1991—1998年，多伦多粮食政策委员会每年从市政府和省政府获得约22万美元的共同融资，从其他来源筹集超过700万美元的资金，这些资金都用于社区粮食项目。自2010年以来，"多伦多粮食战略"已经能够吸引来自慈善基金会和省政府的资金，用于实施多项相关粮食干预举措。

获得来自市政府和省政府预算的公共资金有助于城市实施粮食体系治理的干预措施（如多伦多粮食政策委员会）。多伦多粮食政策委员会使用创新的融资机制来支付跨部门城市粮食工作的运营成本。多伦多公共卫生部门和市议会的目的是让一名固定的城市雇员专注于运行和管理"多伦多粮食战略"团队，以指导城市内的整体粮食体系运作。2016年，安大略省政府为多伦多公共卫生部总运营预算提供72%的资金，多伦多市提供24%的资金，剩余4%来自用户使用费和其他市政部门。对于大多数公共卫生服务，75/25的成本分摊方式意味着，多伦多市每投资1美元，就会产生4美元的公共服务。"多伦多粮食战略"主管职位薪资的一半由多伦多公共卫生部提供，另一半则来自用户使用费和市政府其他部门的拨款。"多伦多粮食战略"不为粮食项目或活动提供资金，而是与可以实施粮食项目的合作伙伴保持协作。

数据详情

通过长期参与粮食议题，多伦多粮食政策委员会和"多伦多粮食战略"促进并支持大量数据和信息分析工作，努力改善利益相关者和多伦多市议会作出明智决策所需的数据基础。作为"多伦多粮食战略"团队开展的一项工作中，分析人员和官员在多伦多市卫生委员会开发了一个为期15年的数据库。该数据库是对涉及粮食销售的每家餐馆、零售店或其他机构的信息汇编，包括有关开业和关闭日期以及卫生检查结果的信息。"多伦多粮食战略"让城市规划者认识到这种粮食供应信息的价值，并将有关新鲜果蔬销售的问题嵌入到粮食卫生检查协议中（Emmanuel，2019）。此外，多伦多粮食资产绘图使用北美产业分类系统，为粮食规划提供信息支持，还能引导公共和私人投资，解决营养食物的获取问题并协助建立土地银行。

"多伦多粮食战略"还支持多伦多大学的"粮食环境政策指数"项目，旨在跟踪加拿大各地市政府在推动粮食环境和实施肥胖预防政策方面取得的进展。这种协作将有助于确定一份拟议粮食政策行动的综合清单。

**图书在版编目（CIP）数据**

城市粮食体系治理：当前环境和未来机遇 / 联合国粮食及农业组织，世界银行编著；张玉帅等译. —北京：中国农业出版社，2022.12

（FAO中文出版计划项目丛书）

ISBN 978-7-109-30384-3

Ⅰ.①城… Ⅱ.①联… ②世… ③张… Ⅲ.①粮食问题－研究－世界 Ⅳ.①F316.11

中国国家版本馆 CIP 数据核字（2023）第 018259 号

著作权合同登记号：图字 01 - 2022 - 4081 号

**城市粮食体系治理**
CHENGSHI LIANGSHI TIXI ZHILI

中国农业出版社出版

地址：北京市朝阳区麦子店街 18 号楼

邮编：100125

责任编辑：郑　君

版式设计：王　晨　　责任校对：张雯婷

印刷：北京中兴印刷有限公司

版次：2022 年 12 月第 1 版

印次：2022 年 12 月北京第 1 次印刷

发行：新华书店北京发行所

开本：700mm×1000mm　1/16

印张：9.75

字数：185 千字

定价：78.00 元